HISTORIA DE UNA ESCALERA

The Scribner Spanish Series
General Editor, JUAN R.-CASTELLANO
Duke University

Historia
de una escalera

DRAMA EN TRES ACTOS

ANTONIO BUERO VALLEJO

Edited by
JOSÉ SÁNCHEZ
University of Illinois

Undergraduate Division, Chicago

PRENTICE HALL, Englewood Cliffs, New Jersey 07632

Library of Congress Card Catalog Number 55-7296

 © 1955 by Prentice-Hall, Inc.
A Simon & Schuster Company
Englewood Cliffs, New Jersey 07632

Printed in the United States of America
10 9 8 7 6 5 4 3 2 1

ISBN 0-13-067935-6

Prentice-Hall International (UK) Limited, *London*
Prentice-Hall of Australia Pty. Limited, *Sydney*
Prentice-Hall Canada Inc., *Toronto*
Prentice-Hall Hispanoamericana, S. A., *Mexico*
Prentice-Hall of India Private Limited, *New Delhi*
Prentice-Hall of Japan, Inc., *Tokyo*
Simon & Schuster Asia Pte. Ltd., *Singapore*
Editora Prentice-Hall do Brasil, Ltda., *Rio de Janeiro*

PREFACE

Historia de una escalera, by Antonio Buero Vallejo, offers an unusual combination of all the major qualities of this young and promising Spanish dramatist.

The plot is simple, extremely realistic, with rapid and exciting action, and should be appealing to students of Spanish. Its scene an apartment house, with the setting in the stairway, is found anywhere in the world; and yet *Historia de una escalera* offers a beautiful description of Spanish customs and manners and types in a big city, Madrid, the capital of Spain. The vocabulary used in the play is simple and the repetition of words and phrases makes this work really suited for the task of introducing American students to the understanding and use of present-day Spanish. Some 1200 different basic words constitute the vocabulary and they are, with some exceptions, very common words used in the first three years of Spanish.

The footnotes, exercises and the complete vocabulary should be of great assistance to students in the early stages of Spanish. To facilitate the handling of the exercises each of the three acts of the play has been divided into three parts. Each one of these parts consists of "Preguntas," "Temas," and "Palabras y Expresiones."

v

This last section of "Palabras y Expresiones" is a list of translations of words and phrases, arranged in order of appearance, and chosen for this special treatment for their relative difficulty and usefulness in vocabulary-building. They are all included in the general vocabulary, but not in the footnotes. These words and phrases, in addition to being a useful supplement to the footnotes, should prove a valuable list of translation aids for students in elementary classes.

I wish to express my thanks to the author, Antonio Buero Vallejo, for his kind permission to edit this play, for supplying biographical information and for his aid about some doubtful points in the text. I am also indebted to Dr. Antonio Rubio, retired, De Paul University, Chicago, for his scholarly advice and aid rendered during the preparation of this edition. Grateful acknowledgment is due also to Professor Juan R-Castellano, Duke University, for his many helpful suggestions during the course of the editorial work.

J.S.

TABLE OF CONTENTS

INTRODUCTION

1. BIOGRAPHICAL SKETCH

The Spanish dramatists since the Civil War of 1936 can be divided for convenience into three groups: the translators, the dramatists whose reputations were made before the War, and the new playwrights.

The perennial Don Jacinto Benavente, with his *Almas prisioneras,* bridges all groups and was a literary bulwark until his death in 1954. To the pre-war group can be assigned Alejandro Casona, Claudio de la Torre, Federico García Lorca, José María Pemán, Enrique Suárez de Deza, Juan Ignacio Luca de Tena, Jardiel Poncela, recently deceased, and a few others. Some of these playwrights are very active at this very moment, especially Casona and Pemán; others were known before 1936 but became prominent after the Civil War.

While the present-day dramatists of the first order are not as numerous as the poets and the novelists, they have already given definite signs of creating a strong and original drama. Among these are Joaquín Calvo Sotelo, Victor Ruiz Iriarte, Miguel Mihura, Soriano de Andía, José Antonio Giménez Arnau and perhaps a few others of lesser repute. The first great discovery of this younger group of present-day dramatists is Antonio Buero Vallejo, who established himself overnight with the performance of his *Historia de una escalera* in 1949.

Antonio Buero Vallejo was born on September 29, 1916, in Guadalajara, a city northeast of Madrid, of some 25,000 inhabitants. His father was a military engineer who was extremely fond of the stage. Thus the impressionable Antonio was influenced at an early age by his father's avocation, especially as he was surrounded by collections of plays, drama magazines, and periodicals which his father received regularly. Antonio's first artistic inclination, however, was not to the drama but to painting and drawing. He hoped to become a painter. While a student of seventeen in his native city, he won a prize in a literary contest organized by the *Asociación de Estudiantes* of the Normal School and the "Instituto" of Guadalajara. Upon finishing the *bachillerato* in 1934 he went to Madrid to enroll at the Escuela de Bellas Artes. Madrid has been his home ever since.

Two years after his arrival the Civil War broke out. He joined the Republican army, was taken into custody at the war's end and remained in prison until he was at last cleared of accusations against him.

Upon his return to private life Buero Vallejo resumed painting "como un loco," as he himself confesses.[1] He had hoped to make his living by his paintings, and even managed to sell a few. However, he became discouraged and gave it up "porque la mano, poco ejercitada, no sabía ir por donde el cerebro quería, y el cerebro quería

[1] Non-credited quotations are from private correspondence with the author. See "Bibliography" for other cases.

Velázquez." Despite this modest confession critics refer to Buero as an excellent painter. For the next three years he wrote several works, but did not publish or stage anything until 1949. During this period he also wrote movie scripts. Not much more is known of this three-year period except that during this time he realized his ability to write. In an interview with Juan del Sarto our author declared: "Lo advertí en 1945. Lo sospechaba desde unos años antes. En realidad siempre había escrito cosas, y aun recuerdo mi primer verso—de los poquísimos que he escrito—a los nueve años."

By August, 1947, he had written his *Historia de una escalera*, his first play to be performed, and he had two other plays in manuscript form. His first play was *En la ardiente oscuridad,* written in one week in August, 1946. Buero had hoped to write at least five or six plays before launching his career as a playwright. Towards the end of 1948 this young man, completely unknown in literary circles except to a handful of friends, submitted a play for the coveted "Lope de Vega" prize, and won it in June, 1949, with *Historia de una escalera.* This victory carried with it a public performance in the Teatro Español, which took place on October 14 of that same year. The play was successful and established Buero's position. The wide acclaim of *Historia de una escalera* prompted him to submit also in 1949 his one-act play *Palabras en la arena,* which was awarded the "Asociación de los amigos de los Quintero" prize. (In that same year, 1949, he had already published "Gustavo Doré—Estudio crítico-biográfico," a lengthy study which appeared in a new edition of *Viaje por España,* by Baron

Charles Davillier.) Thus Buero Vallejo, a novice in the theater and an ex-political prisoner, had won two literary awards and had made an impression upon the Madrid critics.

Buero Vallejo is a bachelor and lives with his mother and sister Carmen in a modest section of Madrid. Devoted to his literary interests, he spends considerable time in the art and literary clubs. He at one time belonged to a group which used to meet at the Café de Lisboa, but at present he attends the gatherings of the Café Gijón. (His is an inquisitive mind, always penetrating into the problems of human nature.) He reads extensively, particularly in popular science. He reads everything he can on Einstein. He manages to live from his writing, a remarkable achievement for a man who has written only seven plays since he first became known in 1949.

2. CHARACTERISTICS OF BUERO VALLEJO'S THEATER

With each successive play Buero has scored a fresh triumph, thus confirming his standing as the leading dramatist of his generation. He has been largely responsible for raising the standards of a semi-fossilized Spanish theater. On the occasion of the first performance of his latest play, *Madrugada,* the literary critic of *El Alcázar,* Victor de la Serna y Répide, declared: "Buero Vallejo es un autor de cuerpo y espíritu enteros. No hay en su obra desvíos de la absoluta ruta dramática que Buero recorre con armas incomparables: lenguaje justo y noble, técnica de gran clase y, en suma, un aliento teatral ambicioso y pujante que no desdeña empeños arduos ni se duerme en fáciles hallazgos que amaneren su presencia en los escenarios." Váquez Zamora considers him "un extraordinario autor teatral," a judgment repeated by many other Spanish critics.

Absorbed as he is in the values of human nature, Buero endows his characters with a certain degree of symbolism. Buero is a man of ideas, whether the reader or spectator agrees with him or not; usually he has something to say. His themes transcend the boundaries of time and space, despite the definite locales of his plays. Here lie his strength and his weakness. The universal traits he normally injects in his works at times have been questioned by critics; for writers of ideas tend to arouse especially intense hostile and friendly critical emotions. To complicate matters more, tragedy on the Spanish stage had not been a popular type of play in recent years, and Buero's daring to break away from past tradition was looked upon with alarm. Perhaps his studied attempt toward universality is somewhat stark, yet his thorough knowledge of theatrical techniques and his understanding of human behavior save him from being just another writer of realism.

His hold on the audience is achieved by his dramatic conflicts, developed by the display of proper and timely emotions. Luis Calvo, writing in *ABC* (May 29, 1952), referring to the first two acts of *La señal que se espera,* asks this question: "¿Quién en España entre la generación moza, puede como Buero Vallejo, sujetar la atención de los espectadores en el transcurso de dos actos, perfectamente medidos, en sus situaciones y efectos dramáticos?"

In all of his plays Buero is ever conscious of a strong

sense of the dramatic to heighten the action. Buero is a man who loves tragedy. He declares that he loves tragedy "por lo que tiene de ennoblecedora y moralizante del hombre y del teatro." Coupled with this conviction is the author's belief that the theater is preeminently tragic. For this reason critics have labeled him a pessimist, an embittered man, and a writer of tragedies. It must be made clear that tragedy for Buero Vallejo does not necessarily present a fateful catastrophe but merely a succession of unhappy events, which perhaps reflects the totality of our existence. *Historia de una escalera,* for instance, is a "comedia dramática," but he is aware of its tragic elements, for to him "la vida entera y verdadera es siempre, a mi juicio, trágica." In fact, in an article entitled "Lo trágico" published in the Madrid newspaper *Informaciones* (February 2, 1952), Buero makes this most significant statement: "Yo me veo por dentro como un hombre y un escritor de tendencia trágica," and adds: "La mayoría de las obras maestras del teatro han sido tragedias," and that "el autor maduro y genial de cualquier época, por lo común, escribe tragedias."

Up to the present Buero has had a very responsive audience willing to accept fantasy as well as reality. In this respect Buero shares the attitude of García Lorca, Casona, Pemán and others. It is impossible not to think of García Lorca when reading the works of Buero and Casona, and yet Buero has broken away from recent literary traditions. Buero, with proper justification, declares in his correspondence with the editor: "No sabría ver casi ninguna analogía entre mi teatro y el de Lorca, a quien no obstante admiro como extraordinario dramaturgo." The interesting thing is that Buero admits and agrees with his critics that his works have been influenced by O'Neill, Elmer Rice, Priestley and Miller among others. Ibsen, however, is his main source of inspiration. Among the Spaniards he acknowledges his debt to Unamuno and Ortega y Gasset. Buero, however, is extremely original in his elaborations, albeit he is the first to admit direct indebtedness whenever there has been any. The one play up to this moment which is a retelling of a classic is *La tejedora de sueños,* based on Homer's *Odyssey.* The best playwrights, of course, have always freely borrowed plot-material and even techniques.

Fantasy provides a considerable framework in the works of Buero. He makes use of such fantastic elements as the blind, the dead, the disguised, the mysterious voice, fairy tales, double impersonations, witchcraft, biblical elements, superstitions, etc. to great advantage in the construction of his dramas. The most realistic play of Buero is *Historia de una escalera,* and even here, the inner significance of the role of the stairway is the core of the story.

The sustained interest which he arouses in the audience is a significant characteristic of the theater of this author. His plots are generally compact and devoid of subordinate themes. He avoids violence on the stage. He is excellent in the creation of characters, situations and conflicts; he possesses an uncommon resourcefulness in theatrical effects, which are normally well-chosen and well-employed. His style is vigorous; his language is precise and even poetic in many instances; yet it is generally simple and easy to understand. In fact, there is a deliberate attempt to use as much popular speech as possible.

His dialogue is clear, natural, brief and effective; it is an expression of the intense feeling of the characters.

Buero is a serious dramatist; he has not written comedy or works of sheer entertainment; this is not his forte. Although there are humorous touches in some of his plays he is not yet at home with humor. He has stayed clear of the *boulevardier* play.

The unexpected welcome of his first play in 1949 has inspired the success of his subsequent works. Several of Madrid's best stage directors have directed his plays. The public in turn has been quite responsive. In all but two premieres the author has had to appear repeatedly to accept the applause of the audience.

Not all plays of Buero, however, have had equal reception during or after their premieres. Only time can confirm the reaction of an *estreno,* for in the field of the theater there are plays which fail in their first showing but become famous later. The author has declared in interviews and in correspondence with the editor of this edition that none of his works has had the success of the *Historia de una escalera.* His second full play, *En la ardiente oscuridad* (1950), has also become very popular in Spain; it has been translated into English and staged by students of the Speech Department of Santa Barbara University. A German version was staged in Berlin on February 4, 1954. Buero's other plays have had a fair success, but none as warm as those already mentioned. *Madrugada,* recently released, seems to be the third success of the author, according to the reports still coming in from the Madrid critics. If it is true that after *En la ardiente oscuridad* Buero lost some ground in the Spanish theater, he seems to have recovered it completely and won greater prestige with *Madrugada*.

In order to draw a true picture of the position of Buero Vallejo in the Spanish theater it must be said that there is in Spain a minority opposed to him as a person and to his works. His military service in the Civil War fighting for the Loyalist side has not been forgotten nor forgiven by some of the intellectuals in Spain. Furthermore, Buero has not taken sides since his release from prison. His plays have also been under attack as not being a true representation of certain aspects of present-day Spanish society. The sudden success of an ex-prisoner who fought against the present regime is foremost in the minds of many critics. However, there is no question that Buero Vallejo is an intellectually honest man, sincere in his determination to follow his literary principles. He is an independent writer who has won his laurels by sheer artistry.

3. THE PLAYS OF BUERO VALLEJO

Palabras en la arena was first performed on December 19, 1949, in the Teatro Español by the speech students of the Madrid Conservatory. It was one of three one-act plays performed in a special session of the experimental theater of the Teatro Español. Written in 1948, it won the prize of the *Asociación de los Amigos de los Quintero;* it has been successful, notwithstanding the difficult stage setting required in its presentation. It is a religious play, dealing with adultery, as found in the Gospel of John, Chapter VII, verses 1–11, where Jesus writes on the ground and declares: "Let him who is without sin among you be the first to throw a stone." Buero has Neomi, the unfaithful wife, murdered by her husband Asaf, after Jesus had written on the sand the word "murderer."

En la ardiente oscuridad (1950) deals with blind people. This subject has attracted the attention of dramatists since the time of Sophocles. José Fernández Castro, a young Spanish writer, has written a series of essays on the blind, "La sonrisa de los ciegos," and more recently a play, *A la sombra del árbol de los besos,* built around the life of the blind and people's reaction to them.

Buero's second three-act play was written in one week in August in 1946, after a casual conversation with the brother of a blind man. Its first performance in the María Guerrero Theater was the most extraordinary event of the 1950–1951 theatrical season. The plot develops in an institution for the blind where the inmates lead a normal and happy life despite their physical handicap. Two couples are in love; there is much pleasant conversation and occupation among the members of the group. Only the director's wife can see. This happy existence soon starts to change when Ignacio, another *invidente* (a name given in that institution to a person blind from birth) enters the institution. Ignacio's belief that a blind person lives a false life causes a complete disruption of the peaceful and friendly relationship that existed before his arrival.

This play underwent a number of changes after the author finished his first version and before its first performance. The meaning of blindness had preoccupied Buero for a long time, as he declares in the Commentary to this work. Despite his modest declaration that he had no other purpose than to offer a couple of hours of reflection and emotion, and to produce interest and perhaps entertainment, this play actually goes further than that. It shows that the blind can visualize the very light of which they are deprived; that the blind from birth are those humans who better understand the limitations of mankind; that the blind reproduce in their small world the eternal problems of humanity, and that man can dream of the unknown and be contented.

En la ardiente oscuridad is characterized by its perfect dramatic form, its well thought-out characters and its easy and effective dialogue.

La tejedora de sueños (1952) is a psychological play based on the Greek legend of Penelope, immortalized by Homer in his *Odyssey*. The heroine Penelope is a sensitive and beautiful woman who has apparently been abandoned by her husband Ulysses, who is away at war. During his long absence of twenty years she is beleaguered by numerous and importunate suitors, whom she deceives by declaring that she must finish a large robe before she can make up her mind. During the daytime she accordingly works at the robe, but at night she unweaves the work of the day. One of three young suitors, a sweetheart of one of the maids, is successful in winning the heart of Penelope just at the time the husband returns. Ulysses comes to the palace in disguise and soon discovers the anxiety of the suitors. In a contest of strength Ulysses kills the three. Confronting his wife he also discovers her secret passion for the young man. Time and the occasion have not permitted any wrong-doing, but Ulysses' long absence and his present demonstration of jealousy have worked against him. Penelope has been dreaming for twenty years of her husband's return; now he is different, cruel, cowardly, base, and distrustful of her fidelity. Ulysses orders that Penelope's fidelity never be questioned, so attempting to end the problem. In reality Ulysses himself re-creates the myth of her infidelity. This distrust of his wife, who has wronged only in her dreams, destroys their happiness.

The main criticism leveled against *La tejedora de sueños* is that the Homeric story of ancient Greece is presented too modernistically. Although it was a theatrical success, the Madrid critics received it coldly. A German version is expected on the stage soon.

La señal que se espera (1952) was also received unfavorably both by critics and the public. Susana and her husband Enrique are living in a country house in Galicia and are on the verge of breaking up their marriage. Luis, a composer and ex-sweetheart of Susana, is invited to stay with them. Luis lost his sense of inspiration when Susana rejected his proposal of marriage to marry the more wealthy Enrique. Luis is also absorbed by the obsession that a certain aeolian harp built by himself in the garden will emit musical tones. (An aeolian harp produces different sounds with changes of the atmosphere, especially the wind.) This waiting for the sound of the harp is soon shared by the servants of the house and by another guest whose wife has deserted him. The harp at last is heard, but actually the notes were emitted by Susana, who remembered them from the time she was Luis' sweetheart. Happiness is restored despite the ruse.

The signal that is awaited affects all persons concerned in the plot. All is suspense until the expected sound is heard. In life, the play teaches us, everybody awaits some signal which will bring about some changes in life. Susana, the faithful wife, strives for peace through hope, whereas the jealous husband is incapable of inspiring any confidence or hope in anyone. But faith creates, and this principle bears spiritual rewards.

Casi un cuento de hadas (1953) was inspired by the fairy tale *Riquet,* by the Frenchman Charles Perrault (1629–1703). Through witchcraft the beautiful but speechless Princess Leticia is awakened to fall in love with ugly Prince Riquet. The heroine has unquestioned faith in Riquet and this is the basis for her happiness. Buero Vallejo was attracted by the complex problem of beauty and ugliness, intelligence and stupidity. *Casi un cuento de hadas* was performed by the newly formed theatrical group "La máscara" and had a run of nineteen times before it was withdrawn.

Madrugada, staged on December 9, 1953, at the Teatro Alcázar in Madrid, is the latest drama of Buero Vallejo. It is the story of a rich man whose death is expected to occur one morning at dawn. All his relatives are called to his deathbed and assemble there at five in the morning. The relatives of the dying man hope to share his wealth and prevent his mistress from inheriting all his capital. The mistress questions each of the presumptive heirs on what he or she has done in behalf of the dying man. She listens to their charges and accusations against her. Great is their surprise to discover that the "dying" man is actually dead and that she is his legitimate wife. Her scheme was planned merely to recover her self-respect in the eyes of those who tried to disgrace and humiliate her, and also to assure herself that the dead man loved her.

Madrugada appeared on the Madrid stage close to one year after Buero's previous play. The critics witnessed its performance *en masse* ready to damn it. However, as the play developed before their eyes they were forced to join in the applause of a satisfied public.

4. HISTORIA DE UNA ESCALERA

On the occasion of the first performance of this play the drama critics of Madrid made a detailed examination of all its merits and defects. The praise of this new type of play overweighed the objections. For it was generally agreed that here Antonio Buero Vallejo showed great promise for the future of the Spanish theater.

Historia de una escalera depicts very realistically the history of four families dramatically intertwined and tragically confused. The stairway of an apartment building is the background for a simple plot which reveals the demoralization and even the tragic end of groups of people. Here we see the four families at three successive times—1919, 1929, and 1949—which correspond to three generations and to the three acts of the play. In this way the author presents the daily lives of a cross-section of Madrid tenants who occupy adjacent apartments. The lives of these people, from grandparents to parents, to children, with all their domestic problems aired within earshot of neighbors, the love affairs that develop in the course of time, the quarrels and rivalries between families, the discussions of labor unions and other matters natural to any middle class in Spain or anywhere else— these constitute the plot of *Historia de una escalera*.

Life, says Buero, referring to *Historia de una escalera*, is not a treatise, not even an essay; its mission, he adds, is to reflect human nature, and life is stronger than ideas. The stairway of this story is the core of the play because it is the inescapable place where the tenants of the building must meet sooner or later. It is a stairway with no exit, with no light or opening, with no horizon in view. It is a stairway which goes down, not up, and the lives of the tenants also descend gradually until they lose their will to fight, to move, or to live. This stairway becomes a person in the drama as the play develops. The stairs remind the tenants of their hopes and their failures. The characters of the *Historia de una escalera* will wither away as long as they remain living in this building, for this fateful stairway, like destiny, brings them only failure, disappointment, death. This continuous failure in living, symbolized by the fruitless struggle of three generations, finally breaks into a quarrel which offers no solution to their problem.

Historia de una escalera had its antecedents in works by Elmer Rice, Thornton Wilder, J. B. Priestley, and O'Neill among others. It has been compared to *Sixième étage* by the Swiss writer Albert Gehri, a play first performed in Paris. In fact, *Historia* does resemble the French *boulevardier* play a great deal. However, Buero Vallejo declares in his correspondence with the editor that he read the French-Swiss play long after his *Historia* had won acclaim. The two plays differ widely despite some common elements, and it should be made clear there isn't the slightest suspicion of plagiarism.

5. PLAYS OF BUERO VALLEJO

Historia de una escalera. Drama en tres actos. First performance: Teatro Español, October 14, 1949. Editions: Barcelona, José Janés, editor, 1950; in *Teatro español,* 1949–1950, "Colección literaria," edited by Federico Carlos Sáinz de Robles, Madrid, Aguilar, 1951; in "Colección Teatro," No. 10 (*Extra;* includes also *Palabras en la arena*), Madrid, Ediciones Alfil, 1952.

Las palabras en la arena. Tragedia en un acto. First performed in Teatro Español, December 19, 1949. (See above)

En la ardiente oscuridad. Drama en tres actos. Performed for the first time in Teatro Nacional María Guerrero, December 1, 1950. Editions: in "Colección Teatro," No. 3, Madrid, Ediciones Alfil, 1951; in *Teatro Español,* edited by Sáinz de Robles, Madrid, Aguilar, 1952; and school edition, edited by Samuel A. Wofsy, New York, Charles Scribner's Sons, 1954.

La tejedora de sueños. Drama en tres actos. First performance: Teatro Español, January 11, 1952. Editions: in "Colección Teatro," No. 16, Madrid, Ediciones Alfil, 1952; and in *Teatro Español,* 1951–1952, edited by Sáinz de Robles, Madrid, Aguilar, 1953.

La señal que se espera. Comedia dramática en tres actos. First performance: Teatro Infanta Isabel, May 21, 1952. Published in "Colección Teatro," No. 21, Madrid, Ediciones Alfil, 1952.

Casi un cuento de hadas. Una glosa de Perrault, en tres actos. First performance: Teatro Alcázar, January 9, 1953.

Published in "Colección Teatro," No. 57, Madrid, Ediciones Alfil, 1953.

Madrugada. Episodio dramático en dos actos. First performed in Teatro Alcázar, December 9, 1953, by the "Máscara" theatrical group. Published in "Colección Teatro," No. 96, Madrid, Ediciones Alfil, 1954.

Aventura en lo gris. Drama en dos actos y un intermedio. Forbidden to be performed.

El terror inmóvil. Tragedia en seis cuadros. Written some years ago, never put on the stage. To be published in "Colección Teatro," No. 100.

6. SELECTED BIBLIOGRAPHY [1]

ABC, May 29, 1952. Review of *La señal que se espera*.

ABC, December 17, 1953. Rev. of *Madrugada*.

Alcázar (Newspaper), December 10, 1953. Rev. of *Madrugada*.

AUBERT, CLAUDE. "Pour Antonio Buero Vallejo les escaliers ont aussi leur histoire," in *La Tribune de Geneve*, Geneve, August 14, 1953.

BUERO VALLEJO, ANTONIO. "Gustavo Doré. Estudio crítico-biográfico." Study in *Viaje por España*, by Baron Charles Davillier, Madrid, Ediciones Castilla, 1949, pp. 1377–1508.

BUERO VALLEJO, ANTONIO. "Comentario" appended to each of his plays in the "Colección Teatro," Ediciones Alfil, Madrid, 1951 —. Similar commentary entitled "Palabra final," appeared in first edition of *Historia de*

[1] All newspapers and periodicals listed are published in Madrid, unless otherwise noted.

una escalera, Barcelona, José Janés, editor, 1950, pp. 149–157.

BUERO VALLEJO, ANTONIO. "Neorrealismo y teatro." *Informaciones,* April 8, 1950.

BUERO VALLEJO, ANTONIO. "Teatro escandaloso," *Informaciones,* March 24, 1951.

BUERO VALLEJO, ANTONIO. "Lo trágico," *Informaciones,* Feb. 2, 1952.

BUERO VALLEJO, ANTONIO. "Teatro de cámara," *Teatro,* No. 1, November, 1952.

BUERO VALLEJO, ANTONIO. "Ibsen y Erhlich," *Informaciones,* April 4, 1953.

CASTELLANO, JUAN R. "Un nuevo comediógrafo español: A. Buero Vallejo," *Hispania,* March, 1954, pp. 17–25.

C. G., F. Rev. of *En la ardiente oscuridad,* in *Cuadernos Hispanoamericanos,* No. 20, Madrid, April, 1951, pp. 331–332.

CRESPO DIEZ, MANUEL, Rev. of *Historia de una escalera,* in *Arriba,* Oct. 15, 1949.

G[ARCIASOL], R[AMÓN] DE. Rev. of *La tejedora de sueños,* in *Insula,* No. 24, Feb. 15, 1952.

HOYO, ARTURO DEL. Rev. of *Historia de una escalera,* in *Insula,* No. 47, Nov. 15, 1949.

MARCISIDOR, JOSÉ. "La literatura española bajo el signo de Franco," *Cuadernos americanos* (Mexico), May–June, 1952, pp. 26–48.

MARQUERÍE, ALFREDO. Rev. of *Historia de una escalera,* in *La vanguardia española,* Barcelona, Oct. 27, 1949.

MARQUERÍE, ALFREDO. "Prólogo" to *Historia de una escalera*, Barcelona, José Janés, editor, 1950. pp. 7–13. ffl

PÉREZ MINIK, DOMINGO. *Debates sobre el teatro español contemporáneo*, Santa Cruz de Tenerife (Canary Islands), 1953, pp. 283–284.

PRADERA, VICTOR. Rev. of *Historia de una escalera*, in *Arbor*, Vol. XV, No. 49, Jan.–April, 1950, p. 158.

SÁINZ DE ROBLES, FEDERICO CARLOS. "Breve reseña de una temporada teatral," in *Teatro español*, Madrid. Three volumes up to present, starting with theatrical season of 1949.

SÁNCHEZ, JOSÉ. Rev. of *Historia de una escalera*, in *Books Abroad*, Autumn 1951, Vol. XXV, p. 376.

SARTO, JUAN DEL. "Pasado, presente y porvenir del escritor en España," in *Correo literario*, No. 52, July 15, 1952.

SUÁREZ SOLÍS, RAFAEL. "El teatro español quiere modernizarse," *Diario de la Marina* (Havana), Feb. 16, 1952.

TENTORI, FRANCESCO. "La Spagna. Un nuovo scritore di teatro. Storia de una scala." *La Fiera Letteraria*, Rome, Oct. 28, 1951.

VÁZQUEZ ZAMORA, RAFAEL. Rev. of *La señal que se espera*, in *Insula*, No. 78, June 15, 1952.

VIAN, FRANCESCO. "Il teatro di Buero Vallejo," *Vita e pensiero*, Milan, March, 1952.

Porque el hijo deshonra al padre, la hija se levanta contra la madre, la nuera contra su suegra: y los enemigos del hombre son los de su casa.

(*Miqueas,* cap. VII, vers. 6.)

PERSONAJES

Estrenado la noche del 14 de octubre de 1949 en el Teatro Español de Madrid, bajo la dirección de Cayetano Luca de Tena, con el siguiente reparto:

Cobrador de la luz	*José Capilla*
Generosa	*Adela Carbone*
Paca	*Julia Delgado Caro*
Elvira	*María Jesús Valdés*
Doña Asunción	*Consuelo Muñoz*
Don Manuel	*Manuel Kayser*
Trini	*Esperanza Grases*
Carmina	*Elena Salvador*
Fernando	*Gabriel Llopart*
Urbano	*Alberto Bové*
Rosa	*Pilar Sala*
Pepe	*Adriano Domínguez*
Señor Juan	*José Cuenca*
Señor bien vestido	*Fulgencio Nogueras*
Joven bien vestido	*Rafael Gil Marcos*
Manolín	*Manuel Gamas*
Carmina, hija	*Asunción Sancho*
Fernando, hijo	*Fernando M. Delgado*

El decorado y el vestuario fueron de Emilio Burgos y los realizaron, respectivamente, Manuel López y Encarnación.

DISTRIBUTION OF CHARACTERS

Cobrador de la Luz Light meterman

In Apartment I

Gregorio, retired streetcar conductor
Generosa, his wife; 55 years of age
Pepe, their son
Carmina, daughter; courted by *Fernando* (of Apartment IV), she likes *Urbano* (of Apt. III) and marries him at end
Joven (appears only in Act III)

In Apartment II

Don Manuel, father, widower; businessman. Well dressed
Elvira, his daughter; wife of *Fernando* (in Acts II & III)
Fernandito (or *Fernando,* hijo)⎫ Children of *Elvira*
Manolín   ⎭   and *Fernando*

In Apartment III

Juan, husband; Quixotic appearance. Appears only in Act II
Paca, wife, about 50 years; talkative
Urbano, their son; labor-conscious; marries *Carmina* in Act III
Trini, daughter

4

Rosa, another daughter. Courted by *Pepe,* finally goes to live with him, but he abandons her in Act III

Carmina, hija, daughter of *Urbano* and *Carmina* (of Apt. I). She is courted by *Fernando,* hijo

In Apartment IV

Doña Asunción, widow; lives on pension

Fernando, son; lazy, reads much, writes poetry; courts *Rosa* and *Carmina;* finally marries *Elvira* in Act II

Señor (appears only in Act III)

ACTO PRIMERO

Un tramo de escalera con dos rellanos, en una casa modesta de vecindad.[1] Los escalones de bajada[2] hacia los pisos inferiores se ecuentran en el primer término izquierdo.[3] La barandilla que los bordea es muy pobre, con el pasamanos de hierro, y tuerce para correr a lo 5 largo de la escena limitando el primer rellano. Cerca del lateral derecho arranca un tramo completo de unos diez escalones. La barandilla lo separa a su izquierda del hueco de la escalera, y a su derecha hay una pared que rompe en ángulo[4] junto al primer peldaño, formando en 10 el primer término derecho un entrante con una sucia ventana lateral. Al final del tramo la barandilla vuelve de nuevo[5] y termina en el lateral izquierdo, limitando el segundo rellano: en el borde de éste, una polvorienta bombilla enrejada pende hacia el hueco de la escalera. 15 En el segundo rellano hay cuatro puertas: dos laterales y dos centrales. Las distinguiremos, de derecha a izquierda, con los números I, II, III y IV.

El espectador asiste, en este acto y en el siguiente, a la galvanización momentánea de tiempos que han pasado. 20 Los vestidos tienen un vago aire retrospectivo.

[1] **casa modesta de vecindad** modest residential house
[2] **escalones de bajada** descending steps
[3] **primer término izquierdo** left foreground (*Stage directions are given from the point of view of the actors, not from that of the audience*)
[4] **que rompe en ángulo** which turns at an angle
[5] **vuelve de nuevo** continues again

(*Nada más levantarse el telón* [6] *vemos cruzar y subir fatigosamente al* COBRADOR DE LA LUZ,[7] *portando su grasienta cartera. Se detiene unos segundos para respirar y llama después con los nudillos en las cuatro puertas.* 5 *Vuelve al I, donde le espera ya en el quicio la Sra.* GENEROSA: *una pobre mujer de unos cincuenta y cinco años.*)

COBRADOR

La luz. Dos sesenta.[8]

(*Le tiende el recibo. La puerta III se abre y aparece* 10 PACA, *mujer de unos 50 años, gorda y de ademanes desenvueltos. El* COBRADOR *repite, tendiéndole el recibo:*)

La luz. Cuatro diez.

GENEROSA (*mirando el recibo*)

¡Dios mío! ¡Cada vez más caro! [9] No sé como vamos a poder vivir. (*Se mete.*)

PACA

15   ¡Ya, ya! (*Al* COBRADOR.) ¿Es que no saben hacer otra cosa que elevar la tarifa? [10] ¡Menuda ladronera es la Compañía! [11] ¡Les debía dar vergüenza chuparnos la

---

[6] Nada . . . telón No sooner the curtain is raised when
[7] Cobrador de la Luz Light man
[8] La luz. Dos sesenta The light bill. Two [pesetas] and sixty céntimos (Peseta: *the national monetary unit of Spain*)
[9] ¡Cada vez más caro! More expensive every time!
[10] ¿Es . . . tarifa? Don't they know anything else except to raise the rates?
[11] ¡Menuda ladronera es la Compañía! That Company is certainly a big den of robbers!

sangre de esa manera![12] (*El* Cobrador *se encoge de hombros.*[13]) ¡Y todavía se ríe!

COBRADOR

No me río, señora. (*A* Elvira, *que abrió la puerta II.*)
Buenos días. La luz. Seis sesenta y cinco.
(Elvira, *una linda muchacha vestida de calle,*[14] 5 *recoge el recibo y se mete.*)

PACA

Se ríe por dentro.[15] ¡Buenos pájaros son todos ustedes![16] Esto se arreglaría, como dice mi hijo Urbano, tirando a más de cuatro por el hueco de la escalera.[17]

COBRADOR

Mire lo que dice, señora. Y no falte.[18]   10

PACA

¡Cochinos!

COBRADOR

Bueno, ¿me paga o no? Tengo prisa.[19]

[12] ¡Les ... manera! They should be ashamed to suck our blood that way
[13] se encoge de hombros he shrugs his shoulders
[14] vestida de calle dressed in street clothes
[15] Se ríe por dentro You are laughing to yourself
[16] ¡Buenos pájaros son todos ustedes! You are all a nice bunch of shrewd birds!
[17] Esto ... escalera This could be fixed, as my son Urbano says, by throwing the whole bunch of you through the stair well
[18] Mire ... falte Watch what you say, lady. And don't offend anybody
[19] Tener prisa to be in a hurry

PACA

¡Ya va, hombre! [20] Se aprovechan de que una no es nadie, que si no . . .[21]

(*Se mete rezongando.* GENEROSA *sale y paga al Co-* BRADOR. *Después cierra la puerta. El* COBRADOR *aporrea* 5 *otra vez el IV, que es abierto inmediatamente por* D.ª ASUNCIÓN, *señora de luto,*[22] *delgada y consumida.*)

COBRADOR

La luz. Tres veinte.

D.ª ASUNCIÓN (*cogiendo el recibo*)

Sí, claro . . . Buenos días. Espere un momento, por favor.[23] Voy adentro . . .
10   (*Se mete.* PACA *sale refunfuñando mientras cuenta las monedas.*)

PACA

¡Ahí va! [24] (*Se las da de golpe.*[25])

COBRADOR (*después de contarlas*)

Está bien.

[20] ¡Ya va, hombre! O.K., I'll pay you now
[21] Se aprovechan . . . si no . . . You are taking advantage because I am nobody, for if it weren't . . .
[22] señora de luto lady in mourning
[23] por favor please
[24] ¡Ahí va! Here you are!
[25] Se las da de golpe She thrusts them in his hand

PACA

¡Está muy mal! ¡A ver si hay suerte, hombre, al bajar la escalerita! [26] (*Cierra con un portazo.* ELVIRA *sale.*)

ELVIRA

Aquí tiene usted. (*Contándole la moneda fraccionaria.*) Cuarenta . . . cincuenta . . . sesenta . . . y cinco.   5

COBRADOR

Está bien.
(*Se lleva un dedo a la gorra* [27] *y se dirige al* [28] *IV.*)

ELVIRA (*hacia dentro*) [29]

¿No sales, papá?
(*Espera en el quicio.* D.ª ASUNCIÓN *vuelve a* [30] *salir, ensayando sonrisas.* [31])   10

D.ª ASUNCIÓN

¡Cuánto lo siento! [32] ¡Me va a tener que perdonar! Como me ha cogido después de la compra, y mi hijo no está . . . [33]

(DON MANUEL, *padre de* ELVIRA, *sale vestido de*

[26] ¡A ver . . . la escalerita! I hope you are lucky, fellow, on going downstairs [so that you break your neck!]
[27] Se lleva un dedo (la mano) a la gorra He touches his cap with his fingers (hand)
[28] dirigirse a to go to
[29] hacia dentro looking inside
[30] vuelve a salir goes out again (volver a + *inf.* to do again)
[31] ensayando sonrisas rehearsing different smiles
[32] ¡Cuánto lo siento! How sorry I am!
[33] mi hijo no está . . . my son is not at home

calle. Los trajes de ambos denotan una posición econó-
mica más holgada que la de los demás vecinos.)

prosperous

D. MANUEL (*A* D.ª ASUNCIÓN)

Buenos días. (*A su hija.*) Vamos.

D.ª ASUNCIÓN

¡Buenos días! ¡Buenos días, Elvirita! ¡No te había
5 visto!

ELVIRA

Buenos días, doña Asunción.

COBRADOR

Perdone, señora, pero tengo prisa.

D.ª ASUNCIÓN

Sí, sí . . . Le decía que ahora da la casualidad que
no puedo . . .[1] ¿No podría volver luego?

COBRADOR

10   Mire, señora: no es la primera vez que pasa y . . .

D.ª ASUNCIÓN

¿Qué dice?

COBRADOR

Sí. Todos los meses es la misma historia. ¡Todos! Y yo
no puedo venir a otra hora ni pagarlo de mi bolsillo. Con
que si no me abona tendré que cortarle el flúido.

[1] **Le decía . . . no** pay **puedo** I was telling you that it just happens
that at present I can't

D.ª ASUNCIÓN

Pero si es una casualidad,[2] ¡se lo aseguro! Es que[3] mi hijo no está, y . . .

COBRADOR

¡Basta de monsergas! Esto le pasa por querer gastar como una señora, en vez de abonarse a tanto alzado.[4] Tendré que cortarle.[5]

(ELVIRA *habla en voz baja con su padre.*)

D.ª ASUNCIÓN (*casi perdida la compostura*) [6]

¡No lo haga, por Dios! Yo le prometo . . .

COBRADOR

Pida a algún vecino . . .

D. MANUEL (*después de atender a lo que le susurra su hija*)

Perdone que intervenga, señora. (*Cogiéndole el recibo.*)   10

D.ª ASUNCIÓN

No, don Manuel. ¡No faltaba más![7]

---

[2] **Pero si es una casualidad** But it is just a coincidence (**si** *is used at times in an exclamatory sense to indicate amazement. Usually it is translated:* Why!)
[3] **Es que** That fact is that
[4] **Esto . . . alzado** This happens to you because you want to spend like a lady, instead of taking the fixed rate
[5] **Tendré que cortarle** I'll have to cut off your electricity
[6] **casi perdida la compostura** almost out of her mind
[7] **¡No faltaba más!** That would be the last straw!

D. MANUEL

¡Si no tiene importancia! Ya me lo devolverá cuando pueda.

D.ª ASUNCIÓN

Esta misma tarde; de verdad.

D. MANUEL

Sin prisa, sin prisa. (Al COBRADOR.) Aquí tiene.

COBRADOR

5 Está bien. (*Se lleva la mano a la gorra.*) Buenos días. (*Se va.*)

D. MANUEL (*al* COBRADOR)

Buenos días.

D.ª ASUNCIÓN (*al* COBRADOR)

Buenos días. Muchísimas gracias, don Manuel. Esta misma tarde . . .

D. MANUEL (*entregándole el recibo*)

10 ¿Para qué se va a molestar? No merece la pena.[8] ¿Y Fernando, qué se hace?[9] (ELVIRA *se acerca y le coge del brazo.*) [10]

---

[8] **No merece la pena** It is not worth while
[9] **qué se hace** where is he?
[10] **le coge del brazo** grabs him by the arm

D.ª ASUNCIÓN

En su papelería. Pero no está contento. ¡El sueldo es tan pequeño! Y, no es porque sea mi hijo, pero él vale mucho y merece otra cosa. ¡Tiene muchos proyectos! Quiere ser delineante, ingeniero, ¡qué sé yo! Y no hace más que leer y pensar. Siempre tumbado en la cama, 5 pensando en sus proyectos. Y escribe cosas también, y poesías. ¡Más bonitas! Ya le diré que dedique alguna a Elvirita.

ELVIRA (*turbada*)

Déjelo, señora . . .

D.ª ASUNCIÓN

Te lo mereces, hija. (*A* D. MANUEL.) No es porque 10 esté delante, pero ¡qué preciosísima se ha puesto Elvirita! Es una clavellina. El hombre que se la lleve . . .[11]

D. MANUEL

Bueno, bueno. No siga que me la va a malear.[12] Lo dicho,[13] doña Asunción. (*Se quita el sombrero y le da la mano.*) Recuerdos a Fernandito. Buenos días.   15

ELVIRA

Buenos días. (*Inician la marcha.*[14])

[11] **El hombre que se la lleve** Whatever man marries her . . .
[12] **No siga que me la va a malear** Don't continue because you are going to spoil her for me
[13] **Lo dicho** What I just said
[14] **Inician la marcha** They start to go away

D.ª ASUNCIÓN

Buenos días. Y un millón de gracias . . . Adiós.
(*Cierra.* D. MANUEL *y su hija empiezan a bajar.*
ELVIRA *se para de pronto para besar y abrazar impulsiva-
mente a su padre.*)

D. MANUEL

5   ¡Déjame, locuela! ¡Me vas a tirar! [15]

ELVIRA

¡Te quiero tanto, papaíto! ¡Eres tan bueno!

D. MANUEL

Deja los mimos, pícara. Tonto es lo que soy. Siempre
te saldrás con la tuya.[16]

ELVIRA

No llames tontería a una buena acción . . . Ya ves,
10 los pobres nunca tienen un cuarto. ¡Me da una lástima
doña Asunción! [17]

D. MANUEL (*levantándole la barbilla*)

El tarambana de [18] Fernandito es el que a ti te pre-
ocupa.

[15] ¡Me vas a tirar! You're going to knock me down!
[16] Siempre te saldrás con la tuya You will always have your way
[17] ¡Me da una lástima doña Asunción! Mrs. Asunción inspires
me with such compassion!
[18] El tarambana de Fernandito Fernandito the lunatic (*Idiomatic
use of* de *before a noun or pronoun that follows a qualifying noun
or adjective*)

ELVIRA

Papá, no es un tarambana . . . Si vieras qué bien habla . . .[19]

D. MANUEL

lunatic

Un tarambana. Eso sabrá hacer él . . .[20] hablar. Pero no tiene donde caerse muerto. Hazme caso,[21] hija; tú te mereces otra cosa.   5

ELVIRA (*en el rellano ya, da pueriles pataditas*)[22]

No quiero que hables así de él. Ya verás cómo llega muy lejos. ¡Qué importa que no tenga dinero![23] ¿Para qué quiere mi papaíto un yerno rico?

D. MANUEL

¡Hija!

ELVIRA

Escucha: te voy a pedir un favor muy grande.   10

D. MANUEL

Hija mía, algunas veces no me respetas nada.

ELVIRA

Pero te quiero, que es mucho mejor. ¿Me harás ese favor?

[19] **Si vieras qué bien habla** You should see how well he speaks
[20] **Eso sabrá hacer él** That's what he can do
[21] **hacer caso** to pay attention
[22] **da pueriles pataditas** she stumps on the floor like a child
[23] **¡Qué importa . . . dinero!** What difference does it make if he has no money!

D. MANUEL

Depende . . .

ELVIRA

¡Nada! Me lo harás.

D. MANUEL

¿De qué se trata? [24]

ELVIRA

Es muy fácil, papá. Tú lo que necesitas no es un yerno
5 rico, sino un muchacho emprendedor que lleve adelante
el negocio. Pues sacas a Fernando de la papelería y le
colocas, ¡con un buen sueldo!, en tu agencia. (*Pausa.*)
¿Concedido?

D. MANUEL

Pero Elvira, ¿y si Fernando no quiere? Además . . .

ELVIRA

10   ¡Nada! (*Tapándose los oídos.*) ¡Sorda! [25]

D. MANUEL

¡Niña, que soy tu padre! [26]

---

[24] **¿De qué se trata?** What is it all about?
[25] **¡Nada! ¡Sorda!** Say no more. I am deaf!
[26] **que soy tu padre** don't forget that I am your father. (**que,** *used
at beginning of clauses or sentences, indicates omission of a word
on which it depends. Translation varies*)

ELVIRA

¡Sorda!

D. MANUEL (*quitándole las manos de los oídos*)

Ese Fernando os tiene sorbido el seso a todas [27] porque es el chico más guapo de la casa. Pero no me fío de él. Suponte que no te hiciera caso . . .

ELVIRA

Haz tu parte, que de eso me encargo yo . . .   5

D. MANUEL

¡Niña!

(*Ella rompe a reír.*[28] *Coge del brazo a su padre y le lleva, entre mimos, al lateral izquierdo. Bajan. Una pausa.*)

(TRINI—*una joven de aspecto simpático—sale del III* 10 *con una botella en la mano, atendiendo a la voz de* PACA.)

PACA (*desde dentro*)

¡Que lo compres tinto! [29] Que ya sabes que a tu padre no le gusta el blanco.

TRINI

Bueno, madre.   15

(*Cierra y se dirige a la escalera.* GENEROSA *sale del I, con otra botella.*)

---

[27] os tiene sorbido el seso a todas has all of you out of your mind
[28] romper a reír to burst out laughing
[29] ¡Que lo compres tinto! Be sure to buy red [wine]!

GENEROSA

¡Hola, Trini!

TRINI

Buenos, señora Generosa. ¿Por el vino? [30] (*Bajan juntas.*)

GENEROSA

Sí. Y a la lechería.

TRINI

5   ¿Y Carmina?

GENEROSA

Aviando la casa.

TRINI

¿Ha visto usted la subida de la luz?

GENEROSA

¡Calla, hija! ¡No me digas! Si no fuera más que la luz . . . ¿Y la leche? ¿Y las patatas?

TRINI (*confidencial*)

10   ¿Sabe usted que doña Asunción no podía pagar hoy al cobrador?

GENEROSA

¿De veras?

[30] ¿Por el vino? Are you going after the wine?

TRINI

Eso dice mi madre, que estuvo escuchando. Se lo pagó
don Manuel.[31] Como la niña está loca por Fernandito . . .

GENEROSA

Ese gandulazo es muy simpático.

TRINI

Y Elvirita una lagartona.

GENEROSA

No. Una niña consentida . . .   5

TRINI

No. Una lagartona . . .
(*Bajan charlando. Pausa.* CARMINA *sale del I. Es una
preciosa muchacha de aire sencillo y pobremente vestida.
Lleva delantal y una lechera en la mano.*)

CARMINA (*mirando por el hueco de la escalera*)

¡Madre! ¡Que se le olvida la cacharra! ¡Madre!   10
(*Con un gesto de contrariedad se despoja del delantal,
lo echa adentro y cierra. Baja por el tramo mientras se
abre el IV suavemente y aparece* FERNANDO, *que la mira
y cierra la puerta sin ruido. Ella baja apresurada sin
verle y sale de escena. El se apoya en la barandilla y sigue* 15
con la vista la bajada de la muchacha por la escalera.[32]

[31] **Se lo pagó don Manuel** don Manuel paid it for her
[32] **sigue . . . escalera** he follows the girl with his eyes as she goes
down the stairs

FERNANDO *es, en efecto, un muchacho muy guapo. Viste pantalón de luto y está en mangas de camisa.*[33] *Pausa. El IV vuelve a abrirse.* D.ª ASUNCIÓN *espía a su hijo.*)

D.ª ASUNCIÓN

¿Qué haces?

FERNANDO (*desabrido*)

5   Ya lo ves.

D.ª ASUNCIÓN (*sumisa*)

¿Estás enfadado?

FERNANDO

No.

D.ª ASUNCIÓN

¿Te ha pasado algo en la papelería?

* * *

FERNANDO

No.

D.ª ASUNCIÓN

10   ¿Por qué no has ido hoy?

FERNANDO

Porque no.[34] (*Pausa.*)

---

[33] estar en mangas de camisa to be in shirt sleeves
[34] Porque no Because I didn't want to

D.ª ASUNCIÓN

¿Te he dicho que el padre de Elvirita nos ha pagado el recibo de la luz?

FERNANDO (*volviéndose hacia su madre*)

¡Sí! ¡Ya me lo has dicho! (*Yendo hacia ella.*) ¡Déjame en paz!

D.ª ASUNCIÓN

¡Hijo!   5

FERNANDO

¡Qué inoportunidad! ¡Pareces disfrutar recordándome nuestra pobreza!

D.ª ASUNCIÓN

¡Pero, hijo!

FERNANDO (*empujándola y cerrando de golpe*)

¡Anda, anda para adentro! [35]
(*Con un suspiro de disgusto, vuelve a recostarse en el* 10 *pasamanos. Pausa.* URBANO *llega al primer rellano. Viste traje azul mahón. Es un muchacho fuerte y moreno de fisonomía ruda, pero expresiva: un proletario.* FERNANDO *lo mira avanzar en silencio.* URBANO *comienza a subir la escalera y se detiene al verle.*)   15

URBANO

¡Hola! ¿Qué haces ahí?

[35] ¡**Anda, anda para adentro**! Go, go inside!

FERNANDO

Hola, Urbano. Nada.

URBANO

Tienes cara de enfado.[1]

FERNANDO

No es nada.

URBANO

Baja al "casinillo." (*Señalando el hueco de la ventana.*) Te invito a un cigarro. (*Pausa.*) ¡Baja, hombre! (FERNANDO *empieza a bajar sin prisa.*) Algo te pasa.[2] (*Sacando la petaca.*) ¿No se puede saber?[3]

FERNANDO (*que ha llegado*)

Nada, lo de siempre . . .[4] (*Se recuestan en la pared del "casinillo." Mientras hacen los pitillos.*) ¡Que estoy harto de todo esto![5]

URBANO (*riendo*)

Eso es ya muy viejo. Creí que te ocurría algo.

FERNANDO

Puedes reírte. Pero te aseguro que no sé cómo aguanto. (*Breve pausa.*) En fin, ¡para qué hablar! ¿Qué hay por[6] tu fábrica?

[1] **Tienes cara de enfado** You look mad
[2] **Algo te pasa** Something is wrong with you
[3] **¿No se puede saber?** Can't it be known?
[4] **lo de siempre** the same old thing
[5] **¡Que estoy harto de todo esto!** I tell you, I am fed up with all this!
[6] **¿Qué hay por** What's new in

URBANO

¡Muchas cosas! Desde la última huelga de metalúrgicos la gente se sindica a toda prisa.[7] A ver cuándo nos imitáis los dependientes.

FERNANDO

No me interesan esas cosas.

URBANO

Porque eres tonto. No sé de qué te sirve tanta lectura.[8]

FERNANDO

¿Me quieres decir lo que sacáis en limpio[9] de esos líos?

URBANO

Fernando, eres un desgraciado. Y lo peor es que no lo sabes. Los pobres diablos como nosotros nunca lograremos mejorar de vida sin la ayuda mutua. Y eso es el sindicato. ¡Solidaridad! Esa es nuestra palabra. Y sería la tuya si te dieses cuenta de[10] que no eres más que un triste hortera. ¡Pero como te crees un marqués![11]

FERNANDO

No me creo nada. Sólo quiero subir, ¿comprendes? ¡Subir! Y dejar toda esta sordidez en que vivimos.

---

[7] **se sindica a toda prisa** are joining the union in a hurry
[8] **No sé ... lectura** I don't know what good so much reading does to you
[9] **sacar en limpio** to get out
[10] **darse cuenta de** to realize
[11] **te crees un marqués** you think you are a "big shot"

URBANO

Y a los demás que los parta un rayo.[12]

FERNANDO

¿Qué tengo yo que ver con [13] los demás? Nadie hace nada por nadie. Y vosotros os metéis en el sindicato porque no tenéis arranque para subir solos. Pero ese no 5 es camino para mí. Yo sé que puedo subir y subiré solo.

URBANO

¿Se puede uno reír?

FERNANDO

Haz lo que te dé la gana.[14]

URBANO (*sonriendo*)

Escucha, papanatas. Para subir solo, como dices, tendrías que trabajar todos los días diez horas en la pape-10 lería; no podrías faltar nunca, como has hecho hoy . . .

FERNANDO

¿Cómo lo sabes?

URBANO

¡Porque lo dice tu cara, simple! Y déjame continuar. No podrías tumbarte a hacer versitos ni a pensar en las musarañas; [15] buscarías trabajos particulares para re-

---

[12] **Y a . . . un rayo** And let the others be struck by a thunderbolt
[13] **tener que ver con** to have to do with
[14] **dar la gana** to feel like, to desire
[15] **pensar en las musarañas** to be absent-minded

dondear el presupuesto y te acostarías a las tres de la mañana contento de ahorrar sueño y dinero. Porque tendrías que ahorrar, ahorrar como una urraca; quitándolo de la comida, del vestido, del tabaco . . . Y cuando llevases un montón de años haciendo eso,[16] y ensayando negocios y buscando caminos, acabarías por verte solicitando cualquier miserable empleo para no morirte de hambre . . . No tienes tú madera para esa vida.[17]

FERNANDO

Ya lo veremos. Desde mañana mismo . . .[18]

URBANO (*riendo*)

Siempre es desde mañana. ¿Por qué no lo has hecho desde ayer, o desde hace un mes?[19] (*Breve pausa.*) Porque no puedes. Porque eres un soñador. ¡Y un gandul! (FERNANDO *le mira lívido, conteniéndose, y hace un movimiento para marcharse.*) ¡Espera, hombre! No te enfades. Todo esto te lo digo como un amigo. (*Pausa.*)

FERNANDO (*más calmado y levemente despreciativo*)

¿Sabes lo que te digo? Que el tiempo lo dirá todo. Y que te emplazo. (URBANO *le mira.*) Sí, te emplazo para dentro de . . . diez años, por ejemplo. Veremos para entonces quién ha llegado más lejos; si tú con tu sindicato o yo con mis proyectos.

[16] cuando . . . haciendo eso after doing that for many years
[17] No tienes tú madera para esa vida You are not made for that kind of life
[18] Desde mañana mismo Starting tomorrow sure
[19] desde hace un mes since a month ago

URBANO

Ya sé que yo no llegaré muy lejos; y tampoco tú llegarás. Si yo llego, llegaremos todos. Pero lo más fácil es que dentro de diez años sigamos subiendo esta escalera [20] y fumando en este "casinillo."

FERNANDO

5 Yo, no. (*Pausa.*) Aunque quizá no sean muchos diez años . . .

URBANO (*riendo*)

¡Vamos! Parece que no estás muy seguro.
(*Pausa.*)

FERNANDO

No es eso, Urbano. ¡Es que le tengo miedo al tiempo!
10 Es lo que más me hace sufrir. Ver cómo pasan los días, y los años . . . sin que nada cambie. Ayer mismo éramos tú y yo dos críos que veníamos a fumar aquí, a escondidas, los primeros pitillos . . . ¡Y hace ya diez años! Hemos crecido sin darnos cuenta, subiendo y bajando la
15 escalera, rodeados siempre de los padres, que no nos entienden; de vecinos que murmuran de nosotros y de quienes murmuramos . . . Buscando mil recursos y soportando humillaciones para poder pagar la casa, la luz . . . y las patatas. (*Pausa.*) Y mañana, o dentro de
20 diez años que pueden pasar como un día, como han pasado estos últimos . . . ¡sería terrible seguir así! Subiendo y bajando la escalera, una escalera que no

---

[20] lo más . . . escalera the most probable thing is that in ten years we will still be climbing this stairway

conduce a ningún sitio; haciendo trampas [21] al contador,
aborreciendo el trabajo . . . , perdiendo día tras día
. . . (*Pausa.*) Por eso es preciso cortar por lo sano.[22]

URBANO

¿Y qué vas a hacer?

FERNANDO

No lo sé. Pero ya haré algo.   5

URBANO

¿Y quieres hacerlo solo?

FERNANDO

Solo.

URBANO

¿Completamente? (*Pausa.*)

FERNANDO

Claro.

URBANO

Pues te voy a dar un consejo. Aunque no lo creas, 10
siempre necesitamos de los demás. No podrás luchar solo
sin cansarte.

---

[21] **haciendo trampas a** cheating
[22] **es preciso cortar por lo sano** it is necessary to act once and
for all

FERNANDO

¿Me vas a volver a hablar del sindicato?

URBANO

No. Quiero decirte que, si verdaderamente vas a luchar, para evitar el desaliento necesitarás . . . (*Se detiene.*)

FERNANDO

5 ¿Qué?

URBANO

Una mujer.

FERNANDO

Ese no es problema. Ya sabes que . . .

URBANO

Ya sé que eres un buen mozo con muchos éxitos. Y eso te perjudica; eres demasiado buen mozo. Lo que te hace
10 falta [23] es dejar todos esos noviazgos y enamorarte de verdad. (*Pausa.*) Hace tiempo que [24] no hablamos de estas cosas . . . Antes, si a ti o a mí nos gustaba Fulanita,[25] nos lo decíamos en seguida. (*Pausa.*) ¿No hay nada serio ahora?

FERNANDO (*reservado*)

15 Pudiera ser . . .[26]

[23] **Lo que te hace falta** what you need
[24] **Hace tiempo que** It has been some time since
[25] **si a . . . Fulanita** if you or I liked So-and-So
[26] **Pudiera ser** Perhaps

URBANO

No se tratará de [27] mi hermana, ¿verdad?

FERNANDO

¿De tu hermana? ¿De cuál? [28]

URBANO

De Trini.

FERNANDO

No, no.

URBANO

Pues de Rosita, ni hablar.[29]   5

FERNANDO

Ni hablar. (*Pausa.*)

URBANO

Porque la hija de la señora Generosa no creo que te haya llamado la atención . . .[30] (*Pausa. Le mira de reojo,*[31] *con ansiedad.*) ¿O es ella? ¿Es Carmina? (*Pausa.*)   10

FERNANDO

No.

---

[27] **No se tratará de** It may not concern
[28] **¿De tu hermana? ¿De cuál?** Your sister? Which one?
[29] **ni hablar** not a word
[30] **llamar la atención** to attract attention
[31] **Le mira de reojo** He looks at him out of the corner of his eye

URBANO (*ríe y le palmotea la espalda*)

¡Está bien, hombre! ¡No busco más! Ya me lo dirás cuando quieras. ¿Otro cigarrillo?

FERNANDO

No. (*Pausa breve.*) Alguien sube. (*Miran hacia el hueco.*)

URBANO

5   Es mi hermana.

(*Aparece* ROSA, *que es una mujer joven, guapa y provocativa. Al pasar junto a ellos los saluda despectivamente, sin detenerse, y comienza a subir el tramo.*)

ROSA

Hola, chicos.

FERNANDO

10   Hola, Rosita.

URBANO

¿Ya has pindongueado bastante?

ROSA (*parándose*)

¡Yo no pindongueo! Y además, no te importa.[32]

URBANO

¡Un día de estos[33] le voy a romper las muelas a alguien!

[32] **no te importa** it's none of your business
[33] **¡Un día de estos** One of these days!

ROSA

¡Qué valiente! Cuídate tú la dentadura por si acaso.[34]

(*Sube.* URBANO *se queda estupefacto por su descaro.*
FERNANDO *ríe y le llama a su lado. Antes de llamar* ROSA
en el III se abre el I y sale PEPE. *El hermano de* CARMINA
ronda ya los treinta años y es un granuja achulado y 5
presuntuoso. Ella se vuelve y se contemplan, muy satis-
fechos. El va a hablar, pero ella le hace señas de que se
calle [35] *y le señala al "casinillo," donde se encuentran los*
dos muchachos ocultos para él. PEPE *la invita por señas*
a bailar para después y ella asiente sin disimular su 10
alegría. En esta expresiva mímica los sorprende PACA,
que abre de improviso.)

PACA

¡Bonita representación! [36] (*Furiosa, zarandea a su*
hija.) ¡Adentro, condenada! ¡Ya te daré yo diversiones! [37]   15

(FERNANDO *y* URBANO *se asoman.*)

ROSA

¡No me empuje! ¡Usted no tiene derecho a mal-
tratarme!

PACA

¿Que no tengo derecho?

[34] **Cuídate . . . por si acaso** Be careful with your teeth just in case
[35] **le hace señas de que se calle** she signals him to keep silent
[36] **¡Bonita representación!** A fine scene!
[37] **¡Ya te daré yo diversiones!** I'll show you how to have a good
time!

ROSA

¡No, señora! ¡Soy mayor de edad!

PACA

¿Y quién te mantiene? ¡Golfa, más que golfa! [38]

ROSA

¡No insulte!

PACA (*metiéndola de un empellón*)

¡Anda para adentro! (*A* PEPE, *que optó desde el
principio por bajar un par de peldaños.*) ¡Y tú, chulo
indecente! ¡Si te vuelvo a ver con mi niña te abro la
cabeza de un sartenazo! ¡Como me llamo Paca! [39]

PEPE

Ya será menos. [40]

PACA

¡Aire! ¡Aire! ¡A escupir a la calle! [41]
(*Cierra con ímpetu.* PEPE *baja sonriendo con suficiencia. Va a pasar de largo, pero* URBANO *le detiene por
la manga.*)

URBANO

No tengas prisa.

[38] ¡**Golfa, más que golfa!** Tramp, you big bum!
[39] ¡**Como me llamo Paca!** As sure as my name is Paca!
[40] **Ya será menos** It won't be that bad
[41] ¡**A escupir a la calle!** Get out of here!

PEPE (*volviéndose con saña*)

¡Muy bien! ¡Dos contra uno!

FERNANDO (*presuroso*)

No, no, Pepe. (*Con sonrisa servil.*) Yo no intervengo;
no es asunto mío.

URBANO

No. Es mío.

PEPE

Bueno, suelta. ¿Qué quieres?   5

URBANO (*reprimiendo su ira y sin soltarle*)

Decirte nada más que si la tonta de mi hermana no te
conoce, yo sí.[1] Que si ella no quiere creer que has estado
viviendo de la Luisa [2] y de la Pili después de lanzarlas a
la vida,[3] yo sé que es cierto. ¡Y que como vuelva a verte
con Rosa, te juro por tu madre [4] que te tiro por el hueco 10
de la escalera! (*Lo suelta con violencia.*) Puedes largarte.
(*Le vuelve la espalda.*)

PEPE

Será si quiero. ¡Estos mocosos! (*Alisándose la manga.*)
¡Que no levantan dos palmos del suelo y quieren medirse
con hombres! [5] Si no mirara . . .   15

[1] **yo sí** I certainly do (*emphatic "sí" translated variously*)
[2] **la Luisa** *familiar use of the article before proper names of persons at times implying scorn*
[3] **después de lanzarlas a la vida** after forcing them into immoral
life
[4] **te juro por tu madre** I swear by your mother
[5] **¡Que . . . hombres!** They don't stand two feet high and want
to act like men!

(URBANO *no le hace caso.* FERNANDO *interviene, aplacador.*)

FERNANDO

Déjalo, Pepe. No te . . . alteres. Mejor será que te marches.

PEPE

5   Sí. Mejor será. (*Inicia la marcha y se vuelve.*) El mocoso indecente, que cree que me va a meter miedo[6] a mí . . . (*Baja protestando.*) Un día me voy a liar a mamporros[7] y le demostraré lo que es un hombre . . .

FERNANDO

No sé por qué te gusta tanto chillar y amenazar.

URBANO (*seco*)

10   Eso va en gustos.[8] Tampoco me agrada a mí que te muestres tan amable con un sinvergüenza como ése.

FERNANDO

Prefiero eso a lanzar amenazas que luego no se cumplen.

URBANO

¿Que no se cumplen?

---

[6] **meter miedo** to inspire fear
[7] **me voy a liar a mamporros** I am going to come to blows
[8] **Eso va en gustos** That's a matter of taste

FERNANDO

¡Qué van a cumplirse![9] Cualquier día tiras tú a nadie[10] por el hueco de la escalera. ¿Todavía no te has dado cuenta de que eres un ser inofensivo? (*Pausa.*)

URBANO

¡No sé cómo nos las arreglamos tú y yo[11] para discutir siempre! Me voy a comer. Abur.   5

FERNANDO (*contento por su pequeña revancha*)

¡Hasta luego, sindicalista!
(URBANO *sube y llama en el III.* PACA *abre.*)

*   *   *

PACA

Hola, hijo. ¿Traes hambre?[12]

URBANO

¡Más que un lobo!
(*Entra y cierra.* FERNANDO *se recuesta en la baran-* 10 *dilla y mira por el hueco. Con un repentino gesto de desagrado se retira al "casinillo" y mira por la ventana, fingiendo distracción. Pausa.* D. MANUEL *y* ELVIRA *suben. Ella aprieta el brazo de su padre en cuanto ve a* FERNANDO. *Se detienen un momento; luego continúan.*) 15

[9] ¡Qué van a cumplirse! Of course they are not carried out!
[10] Cualquier día tiras tú a nadie You will never throw anybody
[11] nos las arreglamos tú y yo you and I manage
[12] traer (tener) hambre to be hungry

D. MANUEL (*Mirando socarronamente a* ELVIRA,
            que está muy turbada.)

Adiós, Fernandito.

FERNANDO (*se vuelve con desgana. Sin mirar a* ELVIRA)

Buenos días.

D. MANUEL

¿De vuelta del trabajo? [18]

FERNANDO (*vacilante*)

Sí, señor.

D. MANUEL

5   Está bien, hombre. (*Intenta seguir. Pero* ELVIRA *lo
retiene tenazmente, indicándole que hable ahora a*
FERNANDO. *A regañadientes, termina el padre por acceder.*) Un día de estos tengo que decirle unas cosillas.

FERNANDO

Cuando usted disponga.

D. MANUEL

10   Bien, bien. No hay prisa; ya le avisaré. Hasta luego.
Recuerdos a su madre.

FERNANDO

Muchas gracias. Ustedes sigan bien.
(*Suben.* ELVIRA *se vuelve con frecuencia para mirarle.*

---

[18] **¿De vuelta del trabajo?** Back from work?

El está de espaldas.[14] D. MANUEL *abre el II con su llave y entran.* FERNANDO *hace un mal gesto y se apoya en el pasamanos. Pausa.* GENEROSA *sube.* FERNANDO *la saluda muy sonriente.*)

FERNANDO

Buenos días.   5

GENEROSA

Hola, hijo. ¿Quieres comer?

FERNANDO

Gracias, que aproveche.[15] ¿Y el señor Gregorio?

GENEROSA

Muy disgustado, hijo. Como lo retiran por la edad
. . . Y es lo que él dice: ¿De qué sirve que un hombre
se deje los huesos conduciendo un tranvía durante cin- 10
cuenta años, si luego le ponen en la calle?[16] Y si le dieran
un buen retiro . . . Pero es una miseria, hijo; una
miseria. ¡Y a mi Pepe no hay quien lo encarrile! (*Pausa.*)
¡Qué vida! No sé cómo vamos a salir adelante.[17]

FERNANDO

Lleva usted razón.[18] Menos mal que[19] Carmina . . . 15

---

[14] **El está de espaldas** He is with his back turned
[15] **que aproveche** may you enjoy your meal
[16] **¿De qué . . . en la calle?** What good is it for a man to slave
running a streetcar for fifty years if in the end they throw him
in the street?
[17] **salir adelante** to keep going
[18] **llevar (tener) razón** to be right
[19] **Menos mal que** Good thing that

GENEROSA

Carmina es nuestra única alegría. Es buena, trabajadora, limpia . . . Si mi Pepe fuese como ella . . .

FERNANDO

No me haga mucho caso, pero creo que Carmina la buscaba antes.

GENEROSA

5   Sí. Es que se me había olvidado la cacharra de la leche. Ya la he visto. Ahora sube ella. Hasta luego, hijo.

FERNANDO

Hasta luego.
(GENEROSA *sube, abre su puerta y entra. Pausa.* ELVIRA *sale sin hacer ruido al descansillo, dejando su*
10 *puerta entornada. Se apoya en la barandilla. El finge no verla. Ella le llama por encima del hueco.*)

ELVIRA

Fernando . . .

FERNANDO

¡Hola!

ELVIRA

¿Podrías acompañarme hoy a comprar un libro? Tengo
15 que hacer un regalo y he pensado que tú me ayudarías muy bien a escoger.

FERNANDO

No sé si podré. (*Pausa.*)

ELVIRA

Procúralo, por favor. Sin ti no sabré hacerlo. Y tengo
que darlo mañana.

FERNANDO

A pesar de [20] eso no puedo prometerte nada. (*Ella
hace un gesto de contrariedad.*) Mejor dicho: casi seguro 5
que no podrás contar conmigo. (*Sigue mirando por el
hueco.*)

ELVIRA (*molesta y sonriente*)

¡Qué caro te cotizas! [21] (*Pausa.*) Mírame un poco,
por lo menos.[22] No creo que cueste mucho trabajo
mirarme . . . (*Pausa.*) ¿Eh?   10

FERNANDO (*levantando la vista*)

¿Qué?

ELVIRA

Pero, ¿no me escuchabas? ¿O es que no quieres en-
terarte de lo que te digo?

FERNANDO (*volviéndole la espalda*) [23]

Déjame en paz.

---

[20] **A pesar de** In spite of
[21] **¡Qué caro te cotizas!** What a high price you ask!
[22] **por lo menos** at least
[23] **volver la espalda** to turn one's back

ELVIRA (*resentida*)

¡Ah! ¡Qué poco te cuesta humillar a los demás! ¡Es muy fácil . . . y muy cruel humillar a los demás! Te aprovechas de que te estiman demasiado para devolverte la humillación . . . pero podría hacerse . . .

FERNANDO (*volviéndose furioso*)

5 ¡Explica eso!

ELVIRA

Es muy fácil presumir y despreciar a quien nos quiere, a quien está dispuesto a ayudarnos . . . A quien nos ayuda ya . . . Es muy fácil olvidar esas ayudas . . .

FERNANDO (*iracundo*)

¿Cómo te atreves a echarme en cara [24] tu propia 10 ordinariez? ¡No puedo sufrirte! ¡Vete!

ELVIRA (*arrepentida*)

¡Fernando, perdóname, por Dios! Es que . . .

FERNANDO

¡Vete! ¡No puedo soportarte! No puedo resistir vuestros favores ni vuestra estupidez. ¡Vete! (*Ella ha ido retrocediendo muy afectada. Se entra, llorosa y sin poder* 15 *reprimir apenas sus nervios.* FERNANDO, *muy alterado también, saca un cigarrillo. Al tiempo de tirar la cerilla:*) ¡Qué vergüenza!

(*Se vuelve al "casinillo." Pausa.* PACA *sale de su casa y llama en el I.* GENEROSA *abre.*)

[24] echar en cara to reproach

PACA

A ver si me podía usted dar un poco de sal.

GENEROSA

¿De mesa, o de la gorda? [1]

PACA

De la gorda. Es para el guisado. (GENEROSA *se mete.*
PACA, *alzando la voz:*) Un puñadito nada más . . .
(GENEROSA *vuelve con un papelillo.*) Gracias, mujer.   5

GENEROSA

De nada.

PACA

¿Cuánta luz ha pagado este mes?

GENEROSA

Dos sesenta. ¡Un disparate! Y eso que [2] procuro
encender lo menos posible . . . Pero nunca consigo
quedarme en las dos pesetas.   10

PACA

No se queje. Yo he pagado cuatro diez.

GENEROSA

Ustedes tienen una habitación más y son más que
nosotros.

---

[1] ¿**De mesa, o de la gorda?** Table or rock salt?
[2] **Y eso que** Despite the fact that

PACA

¡Y qué![3] Mi alcoba no la enciendo nunca. Juan y yo nos acostamos a oscuras. A nuestra edad, para lo que hay que ver . . .[4]

GENEROSA

¡Jesús!

PACA

5   ¿He dicho algo malo?

GENEROSA (*riendo débilmente*)

No, mujer, pero . . . ¡qué boca, Paca!

PACA

¿Y para qué sirve la boca, digo yo? Pues para usarla.

GENEROSA

Para usarla bien, mujer.

PACA

No he insultado a nadie.

GENEROSA

10   Aun así . . .

PACA

Mire, Generosa: usted tiene muy poco arranque. ¡Eso es! No se atreve ni a murmurar.

---

[3] ¡Y qué! And what about it?
[4] para lo que hay que ver there isn't much to be seen

GENEROSA

¡El Señor me perdone! [5] Aun murmuro demasiado.

PACA

¡Si es la sal de la vida! [6] (*Con misterio.*) A propósito: ¿sabe usted que don Manuel le ha pagado la luz a doña Asunción?

(FERNANDO, *con creciente expresión de disgusto, no* [5] *pierde palabra.*)

GENEROSA

Ya me lo ha dicho Trini.

PACA

¡Vaya con Trini! [7] ¡Ya podía haberse tragado la lengua! [8] (*Cambiando el tono.*) Y, para mí, que fué [9] Elvirita quien se lo pidió a su padre. [10]

GENEROSA

No es la primera vez que les hacen favores de esos.

PACA

Pero quien lo provocó en realidad, fué doña Asunción.

GENEROSA

¿Ella?

[5] ¡El Señor me perdone! May the Lord forgive me!
[6] ¡Si es la sal de la vida! Well, it's the spice of life!
[7] ¡Vaya con Trini! Confounded Trini!
[8] ¡Ya podía haberse tragado la lengua! She could have swallowed her tongue by now (*i.e.,* She should have shut up!)
[9] que fué it was

PACA

¡Pues claro! (*Imitando la voz.*) "Lo siento, cobrador, no puedo ahora. ¡Buenos días, don Manuel! ¡Dios mío, cobrador, si no puedo! ¡Hola, Elvirita, qué guapa estás!" ¡A ver si no lo estaba pidiendo descaradamente!

GENEROSA

5   Es usted muy mal pensada.

PACA

¿Mal pensada? ¡Si yo no lo censuro! ¿Qué va a hacer una mujer como ésa, con setenta y cinco pesetas de pensión y un hijo que no da golpe? [10]

GENEROSA

Fernando trabaja.

PACA

10   ¿Y qué gana? ¡Una miseria! Entre el carbón, la comida y la casa se les va todo.[11] Además, que le descuentan muchos días de sueldo. Y puede que lo echen [12] de la papelería.

GENEROSA

¡Pobre chico! ¿Por qué?

PACA

15   Porque no va nunca. Para mí que ése lo que busca es pescar a Elvirita . . . y los cuartos de su padre.

[10] **no da golpe** doesn't do a stitch of work
[11] **se les va todo** everything is spent
[12] **Y puede que lo echen** And perhaps they will dismiss him

GENEROSA

¿No será al revés?

PACA

¡Qué va! [13] Es que ese niño sabe mucha táctica, y se hace querer.[14] ¡Como es tan guapo! Porque lo es: eso no hay que negárselo.[15]

GENEROSA (*se asoma al hueco de la escalera y vuelve*)

Y Carmina sin venir . . . Oiga, Paca: ¿es verdad 5 que don Manuel tiene dinero?

PACA

Mujer, ya sabe usted que era oficinista. Pero con la agencia esa que ha montado, se está forrando el riñón.[16] Como tiene tantas relaciones y sabe tanta triquiñuela . . . *trickery*

GENEROSA

¿Y una agencia, qué es?   10

PACA

Un sacaperras. Para sacar permisos, certificados . . . ¡Negocios! Bueno, y me voy, que se hace tarde.[17] (*Inicia la marcha y se detiene.*) ¿Y el señor Gregorio, cómo va?[18]

[13] ¡Qué va! Absolutely not!
[14] Se hace querer he makes himself liked by all
[15] no hay que negárselo one can't deny it
[16] se está forrando el riñón he is feathering his nest; (*literally:* he is lining his kidney [with gold])
[17] que se hace tarde for it is getting late
[18] ¿cómo va? how is he getting along?

GENEROSA

Muy disgustado, el pobre. Como lo retiran por la edad . . . Y es lo que él dice: ¿De qué sirve que un hombre se deje los huesos durante cincuenta años conduciendo un tranvía, si luego le ponen en la calle? Y el
5 retiro es una miseria, Paca. Ya lo sabe usted. ¡Qué vida, Dios mío! No sé cómo vamos a salir adelante. Y mi Pepe, que no ayuda nada . . .

PACA

Su Pepe es un granuja. Perdone que se lo diga, pero usted ya lo sabe. Ya le he dicho antes que no quiero
0 volver a verle con mi Rosa.

GENEROSA (*humillada*)

Lleva usted razón. ¡Pobre hijo mío!

PACA

¿Pobre? Como Rosita. Otra que tal. A mí no me duelen prendas.[19] ¡Pobres de nosotras, Generosa, pobres de nosotras! ¿Qué hemos hecho para este castigo? ¿Lo
5 sabe usted?

GENEROSA

Como no sea [20] sufrir por ellos . . .

PACA

Eso. Sufrir y nada más. ¡Qué asco de vida! [21] Hasta luego, Generosa. Y Gracias.

[19] **Otra que tal. A mí no me duelen prendas** One just as bad as the other. I am not concealing anything.
[20] **Como no sea** Unless it be
[21] **¡Qué asco de vida!** What sordid life!

GENEROSA

Hasta luego.

(*Ambas se meten y cierran.* FERNANDO, *abrumado, llega a recostarse en la barandilla. Pausa. Repentinamente se endereza y espera, de cara al público.* CARMINA *sube con la cacharra. Sus miradas se cruzan. Ella intenta* 5 *pasar, con los ojos bajos.* FERNANDO *la detiene por un brazo.*)

FERNANDO

Carmina.

CARMINA

Déjeme . . .

FERNANDO

No, Carmina. Me huyes [22] constantemente, y esta vez 10 tienes que escucharme.

CARMINA

Por favor, Fernando . . . ¡Suélteme!

FERNANDO

Cuando éramos chicos nos tuteábamos . . . ¿Por qué no me tuteas ahora? (*Pausa.*) ¿Ya no te acuerdas de aquel tiempo? Yo era tu novio y tú eras mi novia . . . 15 Mi novia . . . Y nos sentábamos aquí (*señalando a los peldaños*), en ese escalón, cansados de jugar . . . , a seguir jugando a los novios.

[22] **Me huyes** You run away from me

CARMINA

Cállese.

FERNANDO

Entonces me tuteabas y . . . me querías.

CARMINA

Era una niña . . . Ya no me acuerdo.

FERNANDO

Eras una mujercita preciosa. Y sigues siéndolo. Y no
5 puedes haber olvidado. ¡Yo no he olvidado! Carmina,
aquel tiempo es el único recuerdo maravilloso que con-
servo en medio de la sordidez en que vivimos. Y quería
decirte . . . que siempre . . . has sido para mí lo que
eras antes.

CARMINA

10   ¡No te burles de mí!

FERNANDO

¡Te lo juro! [23]

CARMINA

¿Y todas . . . esas con quien has paseado y . . . que
has besado?

FERNANDO

Tienes razón. Comprendo que no me creas. Pero un
5 hombre . . . Es muy difícil de explicar. A ti, precisa-

[23] ¡Te lo juro! I swear!

mente, no podía hablarte . . . ni besarte . . . ¡Porque te quería, te quería y te quiero!

CARMINA

No puedo creerte. (*Intenta marcharse.*)

FERNANDO

No, no. Te lo suplico. No te marches. Es preciso que me oigas . . . y que me creas. Ven. (*La lleva al primer* 5 *peldaño.*) Como entonces.
(*Con un ligero forcejeo la obliga a sentarse contra la pared y se sienta a su lado. Le quita la lechera y la deja, junto a él. Le coge una mano.*)

CARMINA

¡Si nos ven!   10

FERNANDO

¡Qué nos importa! Carmina, por favor, créeme. No puedo vivir sin ti. Estoy desesperado. Me ahoga la ordinariez que nos rodea. Necesito que me quieras y que me consueles. Si no me ayudas, no podré salir adelante.

CARMINA

¿Por qué no se lo pides a Elvira?   15
(*Pausa. El la mira, excitado y alegre.*)

FERNANDO

¡Me quieres! ¡Lo sabía! ¡Tenías que quererme! (*Le levanta la cabeza. Ella sonríe involuntariamente.*) ¡Carmina, mi Carmina! (*Va a besarla, pero ella le detiene.*)

CARMINA

¿Y Elvira?

FERNANDO

¡La detesto! Quiere cazarme con su dinero. ¡No la puedo ver!

CARMINA (*con una risita*)

¡Yo tampoco! (*Ríen, felices.*)

FERNANDO

5   Ahora tendría que preguntarte yo ¿y Urbano?

CARMINA

¡Es un buen chico! ¡Yo estoy loca por él! (FERNANDO *se enfurruña.*) ¡Tonto!

FERNANDO (*abrazándola por el talle*)

Carmina, desde mañana voy a trabajar de firme por ti. Quiero salir de esta pobreza, de este sucio ambiente.
10 Salir y sacarte a ti. Dejar para siempre los chismorreos, las broncas entre vecinos . . . Acabar con la angustia del dinero escaso, de los favores que abochornan como una bofetada, de los padres que nos abruman con su torpeza y su cariño servil, irracional . . .

CARMINA (*reprensiva*)

15   ¡Fernando!

FERNANDO

Sí. Acabar con todo esto. ¡Ayúdame tú! Escucha: voy a estudiar mucho, ¿sabes? Mucho. Primero me haré delineante. ¡Eso es fácil! En un año . . . Como para entonces ya ganaré bastante, estudiaré para aparejador. Tres años. ¡Dentro de cuatro años seré un aparejador 5 solicitado por todos los arquitectos! Ganaré mucho dinero. Por entonces [24] tú serás ya mi mujercita, y viviremos en otro barrio, en un pisito limpio y tranquilo. Yo seguiré estudiando. ¿Quién sabe? Puede que para entonces me haga ingeniero. Y como una cosa no es incompatible 10 con la otra, publicaré un libro de poesías, un libro que tendrá mucho éxito . . .

CARMINA (*que le ha escuchado extasiada*)

¡Qué felices seremos!

FERNANDO

¡Carmina!

(*Se inclina para besarla y da un golpe con el pie a la* 15 *lechera, que se derrama estrepitosamente. Temblorosos, se levantan los dos y miran asombrados la gran mancha blanca en el suelo.*)

TELÓN

[24] **Por entonces** By that time

A C T O   S E G U N D O

Han transcurrido diez años que no se notan en nada:
la escalera sigue sucia y pobre, las puertas sin timbre, los
cristales de la ventana sin lavar.

(*Al comenzar el acto, se encuentran en escena* GENE-
5 ROSA, CARMINA, PACA, TRINI *y el* SEÑOR JUAN. *Este es
un viejo alto y escuálido de aire quijotesco* [1] *que cultiva
unos anacrónicos bigotes lacios. El tiempo transcurrido
se advierte en los demás:* PACA *y* GENEROSA *han encane-
cido mucho.* TRINI *es ya una mujer madura, aunque
10 airosa.* CARMINA *conserva todavía su belleza: una belleza
que empieza a marchitarse. Todos siguen pobremente
vestidos, aunque con trajes más modernos. Las puertas
I y III están abiertas de par en par. Las II y IV cerradas.*)

(*Todos los presentes se encuentran apoyados en el
15 pasamanos, mirando por el hueco.* GENEROSA *y* CARMINA
*están llorando; la hija rodea con un brazo la espalda de
su madre. A poco,* GENEROSA *baja el tramo y sigue mirando desde el primer rellano.* CARMINA *la sigue después.*)

CARMINA

Ande, madre . . . (GENEROSA *la aparta sin dejar de
20 mirar a través de sus lágrimas.*) Ande . . . (*Ella mira*

---

[1] **aire quijotesco** of Quixotic appearance (*Cervantes' hero don
Quijote was a slender and bony idealist who has been immortalized
in world's literature*)

*también. Sollozan de nuevo y se abrazan a medias sin
dejar de mirar.)*

GENEROSA

Ya llegan al portal . . . (*Pausa.*) Casi no se le ve . . .[2]

SR. JUAN (*arriba, a su mujer*)

¡Cómo sudaban! Se conoce[3] que pesa mucho. (PACA
le hace señas de que calle.)   5

GENEROSA (*abrazada a su hija*)

Solas, hija mía. ¡Solas! (*Pausa. De pronto[4] se desase
y sube lo más aprisa que[5] puede la escalera.* CARMINA *la
sigue. Al tiempo que suben:*) Déjeme mirar por su
balcón, Paca. ¡Déjeme mirar!

PACA

Sí, mujer.   10
(GENEROSA *entra presurosa en el III. Tras ella,* CAR-
MINA *y* PACA.)

TRINI (*a su padre, que se recuesta en la
barandilla pensativo*)

¿No entra, padre?

SR. JUAN

No, hija. ¿Para qué? Ya he visto arrancar muchos
coches fúnebres en esta vida. (*Pausa.*) ¿Te acuerdas del 15

[2] **Casi no se le ve** He can hardly be seen
[3] **Se conoce** It is evident
[4] **De pronto** Suddenly
[5] **lo más aprisa que** as fast as

de [6] doña Asunción? Fué un entierro de primera,[7] con caja de terciopelo . . .

TRINI

Dicen que lo pagó don Manuel.

SR. JUAN

Es muy posible. Aunque el entierro de don Manuel
5 fué menos lujoso.

TRINI

Es que ése lo pagaron los hijos.

SR. JUAN

Claro . . . (*Pausa.*) Y ahora Gregorio. No sé cómo ha podido durar estos diez años. Desde la jubilación no levantó cabeza.[8] (*Pausa.*) ¡A todos nos llegará la hora!

TRINI (*juntándosele*) [9]

10   ¡Padre, no diga eso!

SR. JUAN

¡Si es la verdad, hija! Y quizá muy pronto.

TRINI

No piense en esas cosas. Usted está muy bien todavía . . .

[6] **del de** the funeral of
[7] **de primera** first class
[8] **Desde la jubilación no levantó cabeza** Since his retirement he had not been himself
[9] **juntándosele** getting close to him

SR. JUAN

No lo creas. Eso es por fuera. Por dentro . . . me duelen muchas cosas. (*Se acerca, como al descuido,*[10] *a la puerta IV. Mira a* TRINI. *Señala tímidamente a la puerta.*) Esto. Esto me matará.

TRINI (*acercándose*)

No, padre. Rosita es buena . . .

SR. JUAN (*separándose de nuevo y con triste sonrisa*)

¡Buena! (*Se asoma a su casa. Suspira. Pasa junto al II y escucha un momento.*) Estos no han chistado.

TRINI

No.
(*El padre se detiene después ante la puerta I. Apoya las manos en el marco y mira al interior vacío.*)   10

SR. JUAN

¡Ya no jugaremos más a las cartas, viejo amigo!

TRINI (*que se le aproxima, entristecida, y tira de él*)
Vamos adentro, padre.

SR. JUAN

Se quedan con el día y la noche . . .[11] Con el día y la noche. (*Mirando al I.*) Con un hijo que es un bandi- 15 do . . .

[10] **como al descuido** as if by accident
[11] **Se quedan con el día y la noche** They are left unprotected and unsheltered

TRINI

Padre, deje eso. (*Pausa.*)

SR. JUAN

Ya nos llegará a todos.

(*Ella mueve la cabeza desaprobando.* GENEROSA, *rendida, sale del III llevando a los lados a* PACA *y a* CARMINA.)

PACA

¡Ea! No hay que llorar más. Ahora a vivir.[12] A salir adelante.

GENEROSA

No tengo fuerzas . . .

PACA

¡Pues se inventan! No faltaba más.[13]

GENEROSA

10   ¡Era tan bueno mi Gregorio!

PACA

Todos nos tenemos que morir. Es ley de vida.

GENEROSA

Mi Gregorio . . .

[12] **No hay que llorar más. Ahora a vivir.** There is no need for further weeping. Now you just keep living.
[13] **¡Pues se inventan! No faltaba más.** Well, they should be invented. The very idea!

PACA

Hala. Ahora barremos entre las dos la casa. Y mi Trini irá luego por la compra y hará la comida.[14] ¿Me oyes, Trini?

TRINI

Sí, madre.

GENEROSA

Yo me moriré pronto también.   5

CARMINA

¡Madre!

PACA

¿Quién piensa en morir?

GENEROSA

Sólo quisiera dejar a esta hija . . . con un hombre de bien . . .[15] antes de morirme.

PACA

¡Mejor sin morirse!   10

GENEROSA

¡Para qué! . . .

PACA

¡Para tener nietos, alma mía! ¿No le gustaría tener nietos? (*Pausa.*)

[14] **Trini irá . . . comida.** Trini will then go shopping and she will prepare the meal.
[15] **hombre de bien** reliable man

GENEROSA

¡Mi Gregorio! . . .

PACA

Bueno. Se acabó. Vamos adentro. ¿Pasas,[16] Juan?

SR. JUAN

Luego entraré un ratito. ¡Lo dicho, Generosa! ¡Y a
tener ánimo![17] (*La abraza.*)

GENEROSA

5 Gracias . . .
    (*El* SR. JUAN *y* TRINI *entran en su casa y cierran.*
GENEROSA, PACA *y* CARMINA *se dirigen al I.*)

GENEROSA (*antes de entrar*)

¿Qué va a ser de nosotros,[18] Dios mío? ¿Y de esta
niña? ¡Ay, Paca! ¿Qué va a ser de mi Carmina?

CARMINA

10 No se apure, madre.

PACA

Claro que no.[19] Ya saldremos todos adelante. Nunca
os faltarán buenos amigos.

---

[16] Bueno. Se acabó. Vamos adentro. ¿Pasas? All right. Let's put
an end to this. Let's go in. Are you coming in?
[17] ¡Y a tener ánimo! And have courage!
[18] ¿Qué va a ser de nosotros? What's going to become of us?
[19] Claro que no Of course not

GENEROSA

Todos sois muy buenos.

PACA

¡Qué buenos ni qué . . . peinetas! . . .[20] ¡Me dan ganas de darle azotes como a un crío!

(*Se meten. La escalera queda sola. Pausa. Se abre el II cautelosamente y aparece* FERNANDO. *Los años han dado a su aspecto un tinte vulgar. Espía el descansillo y sale después diciendo hacia adentro:*)

FERNANDO

Puedes salir. No hay nadie.

(*Entonces sale* ELVIRA, *con un niño de pecho* [21] *en los brazos.* FERNANDO *y* ELVIRA *visten con modestia. Ella se mantiene hermosa, pero su cara no guarda nada de la antigua vivacidad.*)

ELVIRA

¿En qué quedamos? [22] Esto es vergonzoso. ¿Les damos o no les damos el pésame?

FERNANDO

Ahora no. En la calle lo decidiremos.

---

[20] ¡Qué buenos ni qué . . . peinetas! Good . . . fiddlesticks!
[21] niño de pecho breast baby
[22] ¿En qué quedamos? What shall we do?

¡Lo decidiremos! Tendré que decidir yo, como siempre. Cuando tú te pones a decidir nunca hacemos nada.

(FERNANDO *calla, con la expresión hosca. Inician la* 5 *bajada.*)

¡Decidir! ¿Cuándo vas a decidirte a ganar más dinero? Ya ves que así no podemos vivir. (*Pausa.*) ¡Claro, el señor contaba con el suegro! Pues el suegro se acabó, hijo. Y no se te acaba la mujer,[23] no sé por qué.

FERNANDO

10   ¡Elvira!

ELVIRA

¡Sí, enfádate porque te dicen las verdades! Eso sabrás hacer: enfadarte y nada más. Tú ibas a ser aparejador, ingeniero, y hasta diputado. ¡Je! Ese era el cuento que colocabas a todas. ¡Tonta de mí, que también te hice 15 caso! Si hubiera sabido lo que me llevaba . . . Si hubiera sabido que no eras más que un niño mimado . . . La idiota de tu madre no supo hacer otra cosa que eso: mimarte.

FERNANDO (*deteniéndose*)

¡Elvira, no te consiento que hables así de mi madre! 20 ¿Me entiendes?

ELVIRA (*con ira*)

¡Tú me has enseñado! ¡Tú eras el que hablaba mal de ella!

[23] **Y no se te acaba la mujer** And if your wife doesn't drop dead

FERNANDO (*entre dientes*)

Siempre has sido una niña caprichosa y sin educación.

ELVIRA

¿Caprichosa? ¡Sólo tuve un capricho! ¡Uno solo!
Y . . .

* * *

(FERNANDO *la tira del vestido*[24] *para avisarla de la
presencia de* PEPE, *que sube. El aspecto de* PEPE *denota* 5
*que lucha victoriosamente contra los años para mantener
su prestancia.*)

PEPE (*al pasar*)

Buenos días.

FERNANDO

Buenos días.

ELVIRA

Buenos días.   10
(*Bajan.* PEPE *mira hacia el hueco con placer. Después
sube, monologando.*)

PEPE

Se conserva, se conserva la mocita.[25]
(*Se dirige al IV, pero luego mira al I, su antigua casa,
y se acerca. Tras un segundo de vacilación ante la puerta,* 15
vuelve decididamente al IV y llama. Le abre ROSA, *que
ha adelgazado y empalidecido.*)

[24] **la tira del vestido** pulls her dress
[25] **se conserva, . . .** The young lady certainly keeps her youth

ROSA (*con acritud*)

¿A qué vienes? [26]

PEPE

A comer, princesa.

ROSA

A comer, ¿eh? Toda la noche emborrachándote con mujeres y a la hora de comer, a casita,[27] a ver lo que la
5 Rosa ha podido apañar por ahí.

PEPE

No te enfades, gatita.

ROSA

¡Sinvergüenza! ¡Perdido! ¿Y el dinero? ¿Y el dinero para comer? ¿Tú te crees que se puede poner el puchero sin tener cuartos?

PEPE

10   Mira, niña, ya me estás cansando. Ya te he dicho que la obligación de traer dinero a casa es tan tuya como mía.[28]

ROSA

¿Y te atreves? . . .

[26] ¿A qué vienes? What are you coming here for?
[27] a la hora de comer, a casita at eating time, you come home
[28] tan tuya como mía just as much yours as it is mine

PEPE

Déjate de romanticismos.[29] Si me vienes con pegas y con líos, me marcharé. Ya lo sabes.

(*Ella se echa a llorar y le cierra la puerta. El se queda, divertidamente perplejo, frente a ésta.* TRINI *sale del III con un capacho.* PEPE *se vuelve.*)   5
Hola, Trini.

TRINI (*sin dejar de andar*)

Hola.

PEPE

Estás cada día más guapa . . .[30] Mejoras con los años, como el vino.

TRINI (*volviéndose de pronto*)

Si te has creído que soy tan tonta como Rosa, te 10 equivocas.

PEPE

No te pongas así, pichón.[31]

TRINI

¿No te da vergüenza haber estado haciendo el golfo [32] mientras tu padre se moría? ¿No te has dado cuenta de que tu madre y tu hermana están ahí (*señala al I*), llo- 15

---

[29] **Déjate de romanticismos** Stop dreaming
[30] **Estás cada día más guapa** You are looking prettier every day
[31] **No te pongas así, pichón** Don't get that way, cute gal
[32] **hacer el golfo** to be a tramp

rando todavía porque hoy le dan tierra?[33] ¿Y ahora qué van a hacer? Matarse a coser,[34] ¿verdad? (*El se encoge de hombros.*) A ti no te importa nada. ¡Puah! Me das asco.[35]

PEPE

5   Siempre estáis pensando en el dinero. ¡Las mujeres no sabéis más que pedir dinero!

TRINI

Y tú no sabes más que sacárselo a las mujeres. ¡Porque eres un chulo despreciable!

PEPE (*sonriendo*)

Bueno, pichón, no te enfades. ¡Cómo te pones por un 10 piropo![36]
(URBANO, *que viene con su ropita de paseo,*[37] *se ha parado al escuchar las últimas palabras y sube rabioso mientras va diciendo:*)

URBANO

¡Ese piropo y otros muchos te los vas a tragar ahora 15 mismo![38] (*Llega a él y le agarra por las solapas, zarandeándole.*) ¡No quiero verte molestar a Trini! ¿Me oyes?

---

[33] **hoy le dan tierra** they are burying him today
[34] **Matarse a coser** kill themselves sewing
[35] **Me das asco** I can't bear you
[36] **¡Cómo te pones por un piropo!** How mad you get on account of a compliment!
[37] **que viene . . . de paseo** who is wearing his nice Sunday clothes
[38] **ahora mismo** right now

PEPE

Urbano, que no es para tanto . . .[39]

URBANO

¡Canalla! ¿Qué quieres? ¿Perderla a ella también?
¡Granuja! (*Le inclina sobre la barandilla.*) ¡Que no
has valido [40] ni para venir a presidir el duelo de tu padre!
¡Un día te tiro! ¡Te tiro!   5

(*Sale* ROSA *desalada del IV para interponerse. Intenta
separarlos y golpea a* URBANO *para que suelte.*)

ROSA

¡¡Déjale!! ¡Tú no tienes que pegarle!

TRINI (*con mansedumbre*)

Urbano tiene razón . . . Que no se meta conmigo.[1]

ROSA

¡Cállate tú, mosquita muerta!   10

TRINI (*dolida*)

¡Rosa!

ROSA (*a* URBANO)

¡Déjale, te digo!

URBANO (*sin soltar a Pepe*)

¡Todavía le defiendes, imbécil!

---

[39] **que no es para tanto** it isn't as bad as that
[40] **no has valido** you have not taken the trouble
[1] **Que no se meta conmigo** He should not meddle with me

PEPE

¡Sin insultar!

URBANO (*sin hacerle caso*)

Venir a perderte por un guiñapo como éste . . .² Por un golfo . . . Un cobarde.

PEPE

Urbano, esas palabras . . .

URBANO

5   ¡Cállate!

ROSA

¿Y a ti qué te importa? ¿Me meto yo en tus asuntos? ¿Me meto en si rondas a Fulanita o te soplan a Menganita? ³ Más vale cargar con ⁴ Pepe que querer cargar con quien no quiere nadie . . .

URBANO

10   ¡Rosa! (*Se abre el III y sale el* SR. JUAN, *enloquecido.*)

SR. JUAN

¡Callad! ¡Callad ya! ¡Me vais a matar! Sí, me moriré. ¡Me moriré como Gregorio!

---

² Venir a . . . como éste To be ruined by a ragmuffin like this
³ ¿Me meto . . . a Menganita? Do I interfere if you court So-and So or if they snatch away from you What's Her Name?
⁴ Más vale cargar con It is better to be stuck with

TRINI (*se abalanza a él gritando*)

¡Padre, no!

SR. JUAN (*apartándola*)

¡Déjame! (*a* PEPE.) ¿Por qué no te la llevaste a otra casa? ¡Teníais que quedaros aquí para acabar de amargarnos la vida!

TRINI

¡Calle, padre! 5

SR. JUAN

Sí. Mejor es callar. (*a* URBANO.) Y tú: suelta ese trapo.

URBANO (*lanzando a* PEPE *sobre* ROSA)

Anda. Carga con él.[5]
(PACA *sale del I y ciera.*)

PACA

¿Qué bronca es ésta? ¿No sabéis que ha habido un 10 muerto aquí? ¡Brutos!

URBANO

Madre tiene razón. No tenemos ningún respeto por el duelo de esas pobres.

PACA

¡Claro que tengo razón! (*a* TRINI.) ¿Qué haces aquí todavía? ¡Anda a la compra![6] (TRINI *agacha la cabeza y* 15

---

[5] **Anda. Carga con él** Go ahead. Take him along
[6] **¡Anda a la compra!** Go and do your shopping!

baja la escalera. Paca *interpela a su marido.*) ¿Y tú qué tienes que ver ni mezclarse con esta basura? (*Por* Pepe *y* Rosa. *Esta, al sentirse aludida por su madre, entra en el IV y cierra de golpe.*) ¡Vamos adentro! (*Lleva al* Sr. Juan *a su puerta. Desde allí, a* Urbano.) ¿Se acabó ya el entierro?

URBANO

Sí, madre.

PEPE

¿Pues por qué no vas a decirlo?

URBANO

Ahora mismo.

(Pepe *empieza a bajar componiéndose el traje.* Paca *y el* Sr. Juan *se meten y cierran.*)

PEPE

(*Ya en el primer rellano, mirando a* Urbano *de reojo.*)

¡Llamarme cobarde a mí, cuando si no me enredo a golpes es por el asco que me dan! ¡Cobarde a mí! (*Pausa.*) ¡Peste de vecinos! Ni tienen educación, ni saben tratar a la gente, ni . . .

(*Se va murmurando. Pausa.* Urbano *se encamina hacia el I. Antes de llegar, abre* Carmina, *que lleva un capacho en la mano. Cierra y se enfrentan. Un silencio.*)

CARMINA

¿Terminó el . . .?

URBANO

Sí.

CARMINA (*enjugándose una lágrima.*)

Muchas gracias, Urbano. Has sido muy bueno con nosotras.

URBANO (*balbuciente*)

No tiene importancia. Ya sabes que yo . . . que nosotros . . . estamos dispuestos . . .   5

CARMINA

Gracias. Lo sé. (*Pausa. Baja la escalera con él a su lado.*)

URBANO

¿Vas . . ., vas a la compra?

CARMINA

Sí.

URBANO

Déjalo. Luego irá Trini. No os molestéis vosotras por 10 nada.

CARMINA

Iba a ir ella, pero se le habrá olvidado.[7] (*Pausa.*)

URBANO (*parándose*)

Carmina . . .

---

[7] **se le habrá olvidado** she must have forgotten

CARMINA

¿Qué?

URBANO

¿Puedo preguntarte . . . qué vais a hacer ahora?

CARMINA

No lo sé . . . Coseremos.

URBANO

¿Podréis salir adelante?

CARMINA

5   No lo sé.

URBANO

La pensión de tu padre no era mucho, pero sin ella . . .

CARMINA

Calla, por favor.

URBANO

Dispensa . . . He hecho mal en recordártelo.

CARMINA

No es eso. (*Intenta seguir.*)

URBANO (*interponiéndose*)

10   Carmina, yo . . .

CARMINA (*atajándole rápida*)

Tú eres muy bueno. Muy bueno. Has hecho todo lo posible por nosotras. Te lo agradezco mucho.

URBANO

Eso no es nada. Aún quisiera hacer mucho más.

CARMINA

Ya habéis hecho bastante. Gracias de todos modos.[8] (*Se dispone a seguir.*)   5

URBANO

¡Espera, por favor! (*Llevándola al "casinillo."*) Carmina, yo . . . yo te quiero. (*Ella sonríe tristemente.*) Te quiero hace muchos años, tú lo sabes. Perdona que te lo diga hoy; soy un bruto. Es que no quisiera verte pasar privaciones ni un solo día. Ni a ti ni a tu madre. 10 Me harías muy feliz si . . . si me dijeras . . . que puedo esperar. (*Pausa. Ella baja la vista.*) Ya sé que no me quieres. No me extraña, porque yo no valgo nada. Soy muy poco para ti. Pero yo procuraría hacerte dichosa. (*Pausa.*) No me contestas . . .   15

CARMINA

Yo . . . había pensado permanecer soltera.

URBANO (*inclinando la cabeza*)

Quizá continúas queriendo a algún otro . . .

---

[8] **de todos modos** at any rate

CARMINA (*con disgusto*)

¡No, no!

URBANO

Entonces, es que . . . te desagrada mi persona . . .

CARMINA

¡Oh, no!

URBANO

Ya sé que no soy más que un obrero. No tengo cultura
5 ni puedo aspirar a ser nada importante . . . Así es
mejor. Así no tendré que sufrir ninguna decepción, como
otros sufren.

CARMINA

Urbano, te pido que . . .

URBANO

Más vale ser un triste obrero que un señorito inútil
10 . . . Pero si tú me aceptas yo subiré. ¡Subiré, sí! ¡Porque cuando te tenga a mi lado me sentiré lleno de
energías para trabajar! ¡Para trabajar por ti! Y me per-
feccionaré en la mecánica y ganaré más. (*Ella asiente
tristemente, en silencio, traspasada por el recuerdo de un
15 momento semejante.*) Viviríamos juntos; tu madre, tú y
yo. Le daríamos a la vieja un poco de alegría en los años
que le quedasen de vida. Y tú me harías feliz. (*Pausa.*)
Acéptame, te lo suplico.

CARMINA

¡Eres muy bueno!

URBANO

Carmina; te lo ruego. Consiente en ser mi novia. Déjame ayudarte con ese título.

CARMINA (*llora refugiándose en sus brazos*)

¡Gracias, gracias!

URBANO (*enajenado*)

Entonces . . . ¿sí? (*Ella asiente.*) ¡Gracias yo a ti! 5 ¡No te merezco!

(*Quedan un momento abrazados. Se separan con las manos cogidas. Ella le sonríe entre lágrimas.* PACA *sale de su casa. Echa una automática ojeada inquisitiva sobre el rellano y le parece ver algo en el "casinillo." Se acerca* 10 *al IV para ver mejor, asomándose a la barandilla, y los reconoce.*)

PACA

¿Qué hacéis ahí?

URBANO (*asomándose con* CARMINA)

Le estaba explicando a Carmina . . . el entierro.

PACA

Bonita conversación. (*a* CARMINA) ¿Dónde vas tú 15 con el capacho?

CARMINA

A la compra.

PACA

¿No ha ido Trini por ti?

* * *

CARMINA

No . . .

PACA

Se le habrá olvidado con la bronca. Quédate en casa,
5 yo iré en tu lugar. (A URBANO, *mientras empieza a bajar.*)
Acompáñalas, anda. (*Se detiene. Fuerte:*) ¿No subís?
    (*Ellos se apresuran a hacerlo.* PACA *baja y se cruza con
la pareja en la escalera. A* CARMINA, *cogiéndole el capacho.*)
10   Dame el capacho.
    (*Sigue bajando. Se vuelve a mirarlos y ellos la miran
también desde la puerta, confusos.* CARMINA *abre con
su llave, entran y cierran.* PACA, *con gesto expresivo:*)
    ¡Je!
15   (*Cerca de la bajada, interpela por la barandilla a*
TRINI, *que sube.*)
    ¿Por qué no te has llevado el capacho de Generosa?

TRINI (*desde dentro*)

Se me pasó.[9] A eso subía.[10] (*Aparece con su capacho
vacío.*)

---

[9] **Se me pasó** I forgot it
[10] **A eso subía** I was coming up after it

PACA

Trae el capacho. Yo iré. Ve con tu padre, que tú sabes consolarle.

TRINI

¿Qué le pasa?

PACA (*suspirando*)

Nada . . . Lo de Rosa.[11] (*vuelve a suspirar*)
Dame el dinero. (TRINI *le da unas monedas y se dis-* 5
pone a seguir. PACA, *confidencial:*) Oye: ¿sabes que . . .?
(*Pausa.*)

TRINI (*deteniéndose*)

¿Qué?

PACA

Nada. Hasta luego.
(*Se va.* TRINI *sube. Antes de llegar al segundo rellano* 10
sale de su casa el SR. JUAN, *que la ve cuando va a cerrar*
la puerta.)

TRINI

¿Dónde va usted?

SR. JUAN

A acompañar un poco a esas pobres mujeres. (*Pausa*
breve.) ¿No has hecho la compra?   15

TRINI (*llegando a él*)

Bajó madre a hacerla.

[11] **Lo de Rosa** Rosa's affair

SR. JUAN

Ya. (*Se dirige al I, en tanto que* [12] *ella se dispone a entrar. Luego se para y se vuelve.*) ¿Viste cómo defendía Rosita a ese bandido?

TRINI

Sí, padre. (*Pausa.*)

SR. JUAN

5 Es indignante . . . Me da vergüenza que sea mi hija.

TRINI

Rosita no es mala, padre.

SR. JUAN

¡Calla! ¿Qué sabes tú? (*Con ira.*) ¡Ni mentármela siquiera! [13] ¡Y no quiero que la visites, ni que hables con ella! Rosita se terminó para nosotros . . .[14] ¡Se terminó!
10 (*Pausa.*) Debe de defenderse muy mal,[15] ¿verdad? (*Pausa.*) Aunque a mí no me importa nada.

TRINI (*acercándose*)

Padre . . .

SR. JUAN

Qué.

---

[12] **en tanto que** while
[13] **¡Ni mentármela siquiera!** Don't even mention her to me!
[14] **Rosita se terminó para nosotros** We are through with Rosita
[15] **Debe de defenderse muy mal** She must not be getting along very well

TRINI

Ayer Rosita me dijo . . . que su mayor pena era el disgusto que usted tenía.

SR. JUAN

¡Hipócrita!

TRINI

Me lo dijo llorando, padre.

SR. JUAN

Las mujeres siempre tienen las lágrimas a punto. 5 (*Pausa.*) Y . . . ¿qué tal se defiende?

TRINI

Muy mal. El sinvergüenza ése no gana y a ella le repugna . . . ganarlo de otro modo.

SR. JUAN (*dolorosamente*)

¡No lo creo! ¡Esa golfa! . . . ¡Bah! ¡Es una golfa, una golfa!   10

TRINI

No, no, padre. Rosa es algo ligera, pero no ha llegado a eso. Se juntó con [16] Pepe porque le quería . . . y aun le quiere. Y él siempre le está diciendo que debe ganarlo,[17] y siempre la amenaza con dejarla. Y . . . le pega.   15

---

[16] **se juntó con** she went to live with
[17] **debe ganarlo** she should make a living

SR. JUAN

¡Canalla!

TRINI

Y Rosa no quiere que él la deje. Y tampoco quiere echarse a la vida . . .[18] Sufre mucho.

SR. JUAN

¡Todos sufrimos!

TRINI

5   Y, por eso, con lo poco que él la da alguna vez, le va dando de comer.[19] Y ella apenas come. Y no cena nunca. ¿No se ha fijado usted en lo delgada que se ha quedado? (*Pausa.*)

SR. JUAN

No.

TRINI

10   ¡Se ve en seguida![20] Y sufre porque él dice que está ya fea y . . . no viene casi nunca. (*Pausa.*) ¡La pobre Rosita terminará por echarse a la calle para que él no la abandone!

[18] echarse a la vida (*or* a la calle) to become a prostitute (*or* a streetwalker)
[19] con lo . . . de comer with the little that he gives her occasionally he keeps feeding her (*rare use of* la *for indirect object; usually it is* le)
[20] ¡Se ve en seguida! You can see it at once!

SR. JUAN (*exaltado*)

¿Pobre? ¡No la llames pobre! Ella se lo ha buscado.[21] (*Pausa. Va a marcharse y se para otra vez.*[22]) Sufres mucho por ella, ¿verdad?

TRINI

Me da mucha pena,[23] padre. (*Pausa.*)

SR. JUAN (*con los ojos bajos*)

Mira, no quiero que sufras por ella. Ella no me im- 5
porta nada, ¿comprendes? Nada. Pero tú sí. Y no quiero verte con esa preocupación. ¿Me entiendes?

TRINI

Sí, padre.

SR. JUAN (*turbado*)

Escucha. Ahí dentro tengo unos durillos . . . Unos durillos ahorrados del café y de las copas . . .   10

TRINI

¡Padre!

SR. JUAN

¡Calla y déjame hablar! Como el café y el vino no son buenos a la vejez . . . pues los fuí guardando.[24] A mí, Rosa no me importa nada. Pero si te sirve de consuelo . . . puedes dárselos.   15

[21] **Ella se lo ha buscado** She has brought it upon herself
[22] **orta vez** again
[23] **Me da mucha pena** It grieves me very much
[24] **los fuí guardando** I kept saving them

TRINI

¡Sí, sí, padre!

SR. JUAN

De modo que [25] voy a buscarlos.

TRINI

¡Qué bueno es usted!

SR. JUAN (*entrando*)

No, si lo hago por ti . . .

5   (*Muy conmovida,* TRINI *espera ansiosamente la vuelta de su padre mientras lanza expresivas ojeadas al IV. El* SR. JUAN *torna con unos billetes en la mano. Contándolos y sin mirarla se los da.*)

Ahí tienes.

TRINI

10   Sí, padre.

SR. JUAN (*yendo hacia el I*)

Se los das, si quieres.

TRINI

Sí, padre.

SR. JUAN

Como cosa tuya,[26] naturalmente.

TRINI

Sí.

[25] **De modo que** So
[26] **Como cosa tuya** As coming from you

SR. JUAN (*después de llamar en el I, con falsa autoridad*)

¡Y que no se entere tu madre de esto! [27]

TRINI

No, padre.
(URBANO *abre al* SR. JUAN.)

SR. JUAN

¡Ah! Estás aquí.

URBANO

Sí, padre.   5
(*El* SR. JUAN *entra y cierra.* TRINI *se vuelve llena de alegría y llama repetidas veces al* IV. *Después se da cuenta de que su casa ha quedado abierta; la cierra y torna a llamar. Pausa.* ROSA *abre.*)

TRINI

¡Rosita!   10

ROSA

Hola, Trini.

TRINI

¡Rosita!

ROSA

Te agradezco que vengas. Dispensa si antes te falté . . .

[27] ¡Y que no se entere tu madre de esto! And be sure that your mother does not find this out!

TRINI

¡Eso no importa!

ROSA

No me guardes rencor.[28] Ya comprendo que hago mal defendiendo así a Pepe, pero . . .

TRINI

¡Rosita! ¡Padre me ha dado dinero para ti!

ROSA

5   ¿Eh?

TRINI

¡Mira! (*Le enseña los billetes.*) ¡Toma! ¡Son para ti! (*Se los pone en la mano.*)

ROSA (*casi llorando*)

Trini, no . . . no puede ser.

TRINI

Sí puede ser . . . Padre te quiere . . .

ROSA

10   No me engañes, Trini. Este dinero es tuyo.

TRINI

¿Mío? No sé cómo. ¡Me lo dió él! ¡Ahora mismo me lo ha dado![29] (ROSA *llora.*) Escucha como fué. (*La*

---

[28] No me guardes rencor Don't hold a grudge against me
[29] ¡Ahora mismo me lo ha dado! He has just given it to me!

empuja para adentro.) El te nombró primero . . . Dijo
que . . .

(*Entran y cierran. Pausa.* ELVIRA *y* FERNANDO *suben.*
FERNANDO *lleva ahora al niño. Discuten.*)

FERNANDO

Ahora entramos un minuto y les damos el pésame.   5

ELVIRA

Ya te he dicho que no.

FERNANDO

Pues antes querías.

ELVIRA

Y tú no querías.

FERNANDO

Sin embargo, es lo mejor. Compréndelo, mujer.

ELVIRA

Prefiero no entrar.   10

FERNANDO

Entraré yo solo entonces.

ELVIRA

¡Tampoco! Eso es lo que tú quieres: ver a Carmina,
y decirle cositas y tonterías . . .

FERNANDO

Elvira, no te alteres. Entre Carmina y yo terminó todo hace mucho tiempo.

ELVIRA

No te molestes en fingir. ¿Crees que no me doy cuenta de las miraditas que le echas encima, y de cómo procuras 5 hacerte el encontradizo con ella? [30]

FERNANDO

Fantasías.

ELVIRA

¿Fantasías? La querías y la sigues queriendo.

FERNANDO

Elvira, sabes que yo te he . . .

ELVIRA

¡A mí nunca me has querido! Te casaste por el dinero 10 de papá.

FERNANDO

¡Elvira!

ELVIRA

Y sin embargo, valgo mucho más que ella.

[30] **¿Crees . . . con ella?** Don't you believe that I am aware of the loving glances that you cast on her, and how you try to meet her accidentally?

FERNANDO

¡Por favor! ¡Pueden escucharnos los vecinos!

ELVIRA

No me importa. (*Llegan al descansillo.*)

FERNANDO

Te juro que Carmina y yo no . . .

ELVIRA (*dando paraditas en el suelo*)

¡No me lo creo! ¡Y eso se tiene que acabar! [31] (*Se dirige a su casa, mas él se queda junto al I.*) ¡Abre!   5

FERNANDO

Vamos a dar el pésame; no seas terca.

ELVIRA

Que no, te digo. (*Pausa. El se aproxima.*)

FERNANDO

Toma a Fernandito. (*Se lo da y se dispone a abrir.*)

ELVIRA (*en voz baja y violenta*)

¡Tú tampoco vas! ¿Me has oído? (*El abre la puerta sin contestar.*) ¿Me has oído?   10

FERNANDO

¡Entra!

[31] ¡Y eso se tiene que acabar! And that must end!

ELVIRA

¡Tú antes!

(*Se abre el I, y aparecen* CARMINA *y* URBANO. *Están con las manos enlazadas, en una actitud clara. Ante la sorpresa de* FERNANDO, ELVIRA *vuelve a cerrar la puerta* 5 *y se dirige a ellos sonriente.*)

¡Qué casualidad, Carmina! Salíamos precisamente para ir a casa de ustedes . . .

CARMINA

Muchas gracias. (*Ha intentado desprenderse, pero* URBANO *la retiene.*)

ELVIRA (*con cara de circunstancias*[32])

10 Sí, hija . . . Ha sido muy lamentable . . . , muy sensible.

FERNANDO (*reportado*)

Mi mujer y yo les acompañamos sinceramente en el sentimiento.

CARMINA (*sin mirarle*)

Gracias.

15 (*La tensión aumenta, inconteniblemente, entre los cuatro.*)

ELVIRA

¿Su madre está dentro?

_____

[32] **con cara de circunstancias** with an expression appropriate to the circumstances

CARMINA

Sí; háganme el favor de pasar. Yo entro en seguida. (*Con vivacidad.*) En cuanto me despida de Urbano.

ELVIRA

¿Vamos, Fernando? (*Ante el silencio de él.*) No te preocupes, hombre. (*A* CARMINA.) Está preocupado porque al nene le toca ahora la teta.[33] (*Con una tierna* 5 *mirada para* FERNANDO.) Se desvive por su familia. (*A* CARMINA.) Le daré el pecho en su casa.[34] No le importa, ¿verdad?

CARMINA

Claro que no.

ELVIRA

Mire qué rico está mi Fernandito. 10
(CARMINA *se acerca después de lograr desprenderse de* URBANO.)
Dormidito. No tadará en chillar y pedir lo suyo.[35]

CARMINA

Es una monada.

ELVIRA

Tiene toda la cara de su padre. (*A* FERNANDO.) Sí, sí; 15 aunque te empeñes en que no.[36] (*A* CARMINA.) El

[33] al nene le toca ahora la teta it's time now to nurse the baby
[34] Le daré el pecho en su casa I'll nurse him in your house
[35] No tardará en chillar y pedir lo suyo He won't be long in screaming and ask for what he likes
[36] aunque te empeñes en que no even if you insist that he is not

asegura que es igual a mí.[37] Le agrada mucho que se parezca a mí. Es a él a quien se parece, ¿no cree?

CARMINA

Pues . . . no sé. ¿Tú qué crees, Urbano?

URBANO

No entiendo mucho de eso. Yo creo que todos los
5 niños pequeños se parecen.

FERNANDO (*a* URBANO)

Claro que sí.[38] Elvira exagera. Lo mismo puede parecerse a ella, que . . . a Carmina, por ejemplo.[39]

ELVIRA (*violenta*)

¡Ahora dices eso! ¡Pues siempre estás afirmando que es mi vivo retrato!

CARMINA

10   Por lo menos, tendrá el aire de familia. ¡Decir que se parece a mí! ¡Qué disparate!

URBANO

¡Completo!

CARMINA (*al borde del llanto* [40])

Me va usted a hacer reír, Fernando, en un día como éste.

[37] **es igual a mí** he looks like me
[38] **Claro que sí** Of course they do
[39] **Lo mismo . . . por ejemplo** He can quite resemble her or . . . Carmina, for example
[40] **al borde del llanto** on the verge of crying

URBANO (*con ostensible solicitud*)

Carmina, por favor, no te afectes. (*A* FERNANDO.) ¡Es muy sensible! (FERNANDO *asiente.*)

CARMINA (*con falsa ternura*)

Gracias, Urbano.

URBANO (*con intención*)

Repórtate. Piensa en cosas más alegres . . . Puedes hacerlo . . .   5

FERNANDO (*con la insolencia de un antiguo novio*)

Carmina fué siempre muy sensible.

ELVIRA (*que lee en el corazón de la otra*)

Pero hoy tiene motivo para entristecerse. ¿Entramos, Fernando?

FERNANDO (*tierno*)

Cuando quieras, nena.

URBANO

Déjalos pasar, nena.   10
(*Y aparta a* CARMINA, *con triunfal solicitud que brinda a* FERNANDO, *para dejar pasar al matrimonio.*)

TELÓN

A C T O   T E R C E R O

Pasaron velozmente veinte años más. Es ya nuestra época. La escalera sigue siendo una humilde escalera de vecinos. El casero ha pretendido sin éxito disfrazar su pobreza con algunos nuevos detalles concedidos despacio-
5 samente a lo largo del tiempo: la ventana tiene ahora cristales romboidales coloreados y en la pared del segundo rellano, frente al tramo, puede leerse la palabra "QUINTO" en una placa de metal. Las puertas han sido dotadas de timbre eléctrico, y las paredes,
10 blanqueadas.

(*Una viejecita consumida y arrugada, de obesidad malsana y cabellos completamente blancos, desemboca, fatigada, en el primer rellano. Es* PACA. *Camina lentamente apoyándose en la barandilla y lleva en la otra*
15 *mano un capacho lleno de bultos.*)

PACA (*entrecortadamente*)

¡Qué vieja estoy! (*Acaricia la barandilla.*) ¡Tan vieja como tú! ¡Uf! (*Pausa.*) ¡Y qué sola! Ya no soy nada para mis hijos ni para mi nieta. ¡Un estorbo! (*Pausa.*) ¡Pues no me da la gana de serlo, demontre! (*Pausa.*
20 *Resollando.*) ¡Hoj! ¡Qué escalerita! Ya podía poner ascensor el ladrón del casero.[1] Hueco no falta.[2] Lo que

---

[1] **Ya . . . casero** It's about time that thief of a landlord put in an elevator
[2] **Hueco no falta** There is space enough

falta son ganas de rascarse el bolsillo.[3] (*Pausa.*) En
cambio, mi Juan la subía de dos en dos . . . hasta el día
mismo de morirse.[4] Y yo que no puedo con ella . . . no
me muero ni con polvorones.[5] (*Pausa.*) Bueno, y ahora
que no me oye nadie. ¿Yo quiero o no quiero morirme?   5
(*Pausa.*) Yo no quiero morirme. (*Pausa.*) Lo que quiero
(*ha llegado al segundo rellano y dedica una ojeada al I*)
es poder charlar con Generosa, y con Juan . . . (*Pausa.*
Se encamina a su puerta.) ¡Pobre Generosa! ¡Ni los
huesos quedarán! (*Pausa. Abre con su llave. Al entrar.*)   10
¡Y que me haga un poco más de caso mi nieta, demontre!
(*Cierra. Pausa.*)

(*Del IV sale un* Señor bien vestido. *Al pasar frente
al I sale de éste un* Joven bien vestido.)

JOVEN

Buenos días.   **15**

SEÑOR

Buenos días. ¿A la oficina?

JOVEN

Sí, señor. ¿Usted también?

SEÑOR

Lo mismo. (*Bajan emparejados.*) ¿Y esos asuntos?

[3] **Lo que falta son ganas de rascarse el bolsillo** What he doesn't
want to do is to dig into his pocket
[4] **En cambio . . . morirse** On the other hand, my Juan used to
climb them two at a time up to the very day of his death
[5] **Y yo no . . . polvorones** And I, who can't stand it, won't even
die if they bribe me

JOVEN

Bastante bien. Saco casi otro sueldo. No me puedo quejar. ¿Y usted?

SEÑOR

Marchando.[6] Sólo necesitaría que alguno de estos vecinos antiguos se mudase, para ocupar un exterior.
5 Después de desinfectarlo y pintarlo, podría recibir gente.

JOVEN

Sí, señor. Lo mismo queremos nosotros.

SEÑOR

Además, que no hay derecho a pagar tantísimo por un interior mientras ellos tienen los exteriores casi de balde.

JOVEN

10   Como son vecinos tan antiguos . . .

SEÑOR

Pues no hay derecho. ¿Es que mi dinero vale menos que el de ellos?

JOVEN

Además, que son unos indeseables.

SEÑOR

No me hable. Si no fuera por ellos . . . Porque la
15 casa, aunque muy vieja, no está mal.

⁹ **Marchando** Getting along

JOVEN

No. Los pisos son amplios.

SEÑOR

Unicamente, la falta de ascensor.

JOVEN

Ya lo pondrán. (*Pausa breve.*) ¿Ha visto los nuevos modelos de automóvil?

SEÑOR

Son magníficos.   5

JOVEN

¡Magníficos! Se habrá fijado en que la carrocería es completamente . . . (*Se van charlando. Pausa.*)
(*Salen del III* URBANO *y* CARMINA. *Son ya casi viejos. Ella se prende familiarmente de su brazo y bajan. Cuando están a la mitad del tramo, suben por la izquierda* 10 ELVIRA *y* FERNANDO, *también del brazo y con las huellas de la edad. Socialmente, su aspecto no ha cambiado: son dos viejos matrimonios, de obrero uno y el otro de empleado. Al cruzarse, se saludan secamente.* CARMINA *y* URBANO *bajan.* ELVIRA *y* FERNANDO *llegan en silencio al* 15 *II y él llama al timbre.*)

ELVIRA

¿Por qué no abres con el llavín?

FERNANDO

Manolín nos abrirá.

(*La puerta es abierta por* MANOLÍN, *un chico de unos 12 años.*)

MANOLÍN (*besando a su padre*)

Hola, papá.

FERNANDO

5 Hola, hijo.

MANOLÍN (*besando a su madre*)

Hola, mamá.

ELVIRA

Hola.

(MANOLÍN *se mueve a su alrededor*⁷ *por ver si traen algo.*)

FERNANDO

10 ¿Qué buscas?

MANOLÍN

¿No traéis nada?

FERNANDO

Ya ves que no.

MANOLÍN

¿Los traerán ahora?

⁷ **a su alrededor** around them

ELVIRA

¿El qué?

MANOLÍN

¡Los pasteles!

FERNANDO

¿Pasteles? No, hijo. Están muy caros.

MANOLÍN

¡Pero, papá! ¡Hoy es mi cumpleaños!

FERNANDO

Sí, hijo. Ya lo sé.   5

ELVIRA

Y te guardamos una sorpresa.

FERNANDO

Pero pasteles no pueden ser.

MANOLÍN

Pues yo quiero pasteles.

FERNANDO

No puede ser.

MANOLÍN

¿Cuál es la sorpresa?   10

ELVIRA

Ya la verás luego. Anda adentro.

MANOLÍN (*camino de la escalera*)

No.

FERNANDO

¿Dónde vas tú?

MANOLÍN

A jugar

ELVIRA

5   No tardes.

MANOLÍN

No. Hasta luego.
   (*Los padres cierran. El baja los peldaños y se detiene
en el "casinillo." Comenta:*)
      ¡Qué roñosos!
10   (*Se encoge de hombros y, con cara de satisfacción, saca
un cigarrillo. Tras una furtiva ojeada hacia arriba, saca
una cerilla y la enciende en la pared. Se pone a fumar
muy complacido. Pausa. Salen del III* ROSA *y* TRINI: *una
pareja notablemente igualada por las arrugas y la tristeza
15 que la desilusión y las penas han puesto en sus rostros.*
ROSA *lleva un capacho.*)

TRINI

¿Para qué vienes, mujer? ¡Si es un momento!

ROSA

Por respirar un poco el aire de la calle. Me ahogo en casa. (*Levantando el capacho.*) Además, te ayudaré.

TRINI

Ya ves; yo prefiero, en cambio, estarme en casa.

ROSA

Es que . . . no me gusta quedarme sola con madre. No me quiere bien.   5

TRINI

¡Qué disparate!

ROSA

Sí, sí . . . Desde aquello.

TRINI

¿Quién se acuerda ya de eso?

ROSA

¡Todos! Siempre lo recordamos y nunca hablamos de ello.   10

TRINI (con un suspiro)

Déjalo. No te preocupes.

(MANOLÍN, *que la ve bajar, se interpone en su camino y la saluda con alegría. Ellas se paran.*)

MANOLÍN

¡Hola, Trini!

TRINI (*cariñosa*)

¡Mala pieza! [8]

(*El lanza al aire, con orgullo, una bocanada de humo.*)

¡Madre mía! ¿Pues no está fumando? ¡Tira eso en seguida, cochino!

(*Intenta tirarle el cigarrillo de un manotazo* [9] *y él se zafa.*)

MANOLÍN

¡Es que hoy es mi cumpleaños!

TRINI

¡Caramba! ¿Y cuántos cumples? [10]

MANOLÍN

Doce. ¡Ya soy un hombre!

TRINI

Si te hago un regalo,[11] ¿me lo aceptarás?

MANOLÍN

¿Qué me vas a dar?

TRINI

Te daré dinero para que te compres un pastel.

[8] ¡Mala pieza! You old rascal!
[9] de un manotazo with a slap of the hand
[10] ¿Y cuántos cumples? And how many years will you be?
[11] hacer un regalo to give a gift

MANOLÍN

Yo no quiero pasteles.

TRINI

¿No te gustan?

MANOLÍN

No. Prefiero que me regales una cajetilla de tabaco.

TRINI

¡Ni lo sueñes! Y tira ya eso.

MANOLÍN

No quiero. (*Pero ella consigue tirarle el cigarrillo.*) 5
Oye, Trini . . . Tú me quieres mucho, ¿verdad?

TRINI

Naturalmente.

MANOLÍN

Oye . . . quiero preguntarte una cosa.
(*Mira de reojo a* ROSA *y trata de arrastrar a* TRINI
hacia el "casinillo.") 10

TRINI

¿Dónde me llevas?

MANOLÍN

Ven. No quiero que me oiga Rosa.

ROSA

¿Por qué? Yo también te quiero mucho. ¿Es que no me quieres tú?

MANOLÍN

No.

ROSA

¿Por qué?

MANOLÍN

5   Porque eres vieja y gruñona.

(ROSA *se muerde los labios y se separa hacia la barandilla.*)

TRINI (*enfadada*)

¡Manolín!

MANOLÍN (*tirando de* TRINI)

Ven . . . (*Ella le sigue sonriente. El la detiene con*
10 *mucho misterio.*) ¿Te casarás conmigo cuando sea mayor?

(TRINI *rompe a reír.* ROSA, *con cara triste, los mira desde la barandilla.*)

TRINI (*risueña, a su hermana*)

¡Una declaración!

MANOLÍN (*colorado*)

15   No te rías y contéstame.

TRINI

¡Qué tontería! ¿No ves que ya soy vieja?

MANOLÍN

No.

TRINI (*conmovida*)

Sí, hijo, sí. Y cuando tú seas mayor, yo seré una ancianita.

MANOLÍN

No me importa. Yo te quiero mucho.   5

TRINI (*muy emocionada y sonriente, le coge la cara entre las manos y le besa*)

¡Hijo! ¡Qué tonto eres! ¡Tonto! (*Besándole.*) No digas simplezas. ¡Hijo! (*Besándole.*) ¡Hijo! (*Se separa y va ligera a emparejar con* ROSA.)

*   *   *

MANOLÍN

Oye . . .

TRINI (*conduciendo a* ROSA, *que sigue seria*)

¡Calla, simple! Y ya veré lo que te regalo; si un   10
pastel . . . o una cajetilla.

(*Se van rápidas.* MANOLÍN *las ve bajar y luego, dándose mucha importancia, saca otro cigarrillo y otra cerilla. Se sienta en el suelo del "casinillo" y fuma despacio, perdido en sus imaginaciones de niño. Se abre el III y*   15 *sale* CARMINA, *hija de* CARMINA *y* URBANO. *Es una atolondrada chiquilla de unos 18 años.* PACA *la despide desde la puerta.*)

CARMINA, HIJA

Hasta luego, abuela. (*Avanza dando fuertes golpes en*
5 *la barandilla mientras tararea:*) La, ra, ra . . . la, ra, ra . . .

PACA

¡Niña!

CARMINA, HIJA (*volviéndose*)

¿Qué?

PACA

No dés así [12] en la barandilla. ¡La vas a romper! ¿No
10 ves que está muy vieja?

CARMINA, HIJA

Que pongan otra.

PACA

Que pogan otra . . . Los jóvenes, en cuanto una cosa está vieja, sólo sabéis tirarla. ¡Pues las cosas viejas hay que conservarlas! ¿Te enteras?

CARMINA, HIJA

15   A ti, como eres vieja, te gustan las vejeces.

_____

[12] **No dés así** Don't hit that way

PACA

Lo que quiero es que tengas más respeto para . . . la vejez.

CARMINA, HIJA (*que se vuelve rápidamente y la abruma a besos*)

¡Boba! ¡Vieja guapa!

PACA (*ganada, pretende desasirse*)

¡Quita,[13] quita, hipócrita! ¡Ahora vienes con cariñitos! (CARMINA *la empuja y trata de cerrar.*)   5

CARMINA, HIJA

Anda para adentro.

PACA

¡Qué falta de vergüenza! ¿Crees que vas a mandar en mí? [14] (*Forcejean.*) ¡Déjame!

CARMINA, HIJA

Entra . . . (*La resistencia de* PACA *acaba en una débil risilla de anciana.*)   10

PACA (*vencida*)

¡No te olvides de comprar ajos! (CARMINA *cierra la puerta en sus narices.*[15] *Vuelve a bajar, rápida, sin dejar sus golpes al pasamanos ni su*

---

[13] ¡**Quita!** Get away!
[14] ¿**Crees . . . en mí?** Do you think you are going to order me around?
[15] **cierra la puerta en sus narices** slams the door in her face

tarareo. La puerta del II se abre por FERNANDO, *hijo de* FERNANDO *y* ELVIRA. *Sale en mangas de camisa. Es arrogante y pueril. Tiene 21 años.*)

FERNANDO, HIJO

Carmina.

5 (*Ella, en los primeros escalones aún, se inmoviliza y calla, temblorosa, sin volver la cabeza. El baja en seguida a su altura.* MANOLÍN *se disimula y escucha con infantil picardía.*)

CARMINA, HIJA

¡Déjame, Fernando! Aquí, no. Nos pueden ver.

FERNANDO, HIJO

10 ¡Qué nos importa!

CARMINA, HIJA

Déjame. (*Intenta seguir. El la detiene con brusquedad.*)

FERNANDO, HIJO

¡Escúchame, te digo! ¡Te estoy hablando!

CARMINA, HIJA (*asustada*)

Por favor, Fernando.

FERNANDO, HIJO

15 No. Tiene que ser ahora. Tienes que decirme en seguida por qué me has esquivado estos días. (*Ella mira angustiada por el hueco de la escalera.*) ¡Vamos, con-

testa! ¿Por qué? (*Ella mira a la puerta de su casa.*) ¡No mires más! No hay nadie.

CARMINA, HIJA

Fernando, déjame ahora. Esta tarde podremos vernos donde el último día.[16]

FERNANDO, HIJO

De acuerdo. Pero ahora me vas a decir por qué no has 5 venido estos días.

(*Ella consigue bajar unos peldaños más. El la retiene y la sujeta contra la barandilla.*)

CARMINA, HIJA

¡Fernando!

FERNANDO, HIJO

¡Dímelo! ¿Es que ya no me quieres? (*Pausa.*) No me 10 has querido nunca, ¿verdad? Esa es la razón. ¡Has querido coquetear conmigo, divertirte conmigo!

CARMINA, HIJA

No, no . . .

FERNANDO, HIJO

Sí. Eso es. (*Pausa.*) ¡Pues no te saldrás con la tuya!

CARMINA, HIJA

Fernando, yo te quiero. ¡Pero déjame! ¡Lo nuestro 15 no puede ser! [17]

---

[16] **donde el último día** where we met last time
[17] **¡Lo nuestro no puede ser!** Our courtship can't continue!

FERNANDO, HIJO

¿Por qué no puede ser?

CARMINA, HIJA

Mis padres no quieren.

FERNANDO, HIJO

¿Y qué? Eso es un pretexto. ¡Un mal pretexto!

CARMINA, HIJA

No, no . . . de verdad . . . Te lo juro.

FERNANDO, HIJO

5   Si me quisieras de verdad no te importaría.

CARMINA, HIJA (*sollozando*)

Es que . . . me han amenazado y . . . me han pegado . . .

FERNANDO, HIJO

¡Cómo!

CARMINA, HIJA

Sí. Y hablan mal de ti . . . y de tus padres . . .
10 ¡Déjame, Fernando! (*Se desprende. El está paralizado.*)
Olvida lo nuestro. No puede ser . . . Tengo miedo . . .
(*Se va rápidamente, llorosa.* FERNANDO *llega hasta el
rellano y la mira bajar abstraído. Después se vuelve y ve
a* MANOLÍN. *Su expresión se endurece.*)

FERNANDO, HIJO

¿Qué haces aquí?

MANOLÍN (*muy divertido*)

Nada.

FERNANDO, HIJO

Anda para casa.

MANOLÍN

No quiero.

FERNANDO, HIJO

¡Arriba,[18] te digo!   5

MANOLÍN

Es mi cumpleaños y hago lo que quiero. ¡Y tú no tienes derecho a mandarme! (*Pausa.*)

FERNANDO, HIJO

Si no fueras el favorito . . . ya te daría yo cumpleaños.

(*Pausa. Comienza a subir mirando a* MANOLÍN *con* 10 *suspicacia. Este contiene con trabajo la risa.*)

MANOLÍN (*envalentonado*)

¡Qué entusiasmado estás con Carmina!

FERNANDO, HIJO (*bajando al instante*)

¡Te voy a cortar la lengua!

[18] ¡Arriba! Go upstairs!

MANOLÍN (*con regocijo*)

¡Parecíais dos novios de película! (*En tono cómico.*) "¡No me abandones, Nelly! ¡Te quiero, Bob!"

(FERNANDO *le da una bofetada.*[19] *A* MANOLÍN *se le saltan las lágrimas* [20] *y se esfuerza, rabioso, en patear las* 5 *espinillas y los pies de su hermano.*)

¡Bruto!

FERNANDO, HIJO (*sujetándole*)

¿Qué hacías en el "casinillo"?

MANOLÍN

¡No te importa! ¡Bruto! ¡Idiota! . . . ¡¡Romántico!!

FERNANDO, HIJO

10   Fumando, ¿eh? (*Señala las colillas en el suelo.*) Ya verás cuando se entere papá.

MANOLÍN

¡Y yo le diré que sigues siendo novio de Carmina!

FERNANDO, HIJO (*apretándole un brazo*)

¡Qué bien trasteas a los padres, marrano, hipócrita! ¡Pero los pitillos te van a costar caros!

MANOLÍN (*que se desase y sube presuroso el tramo*)

15   ¡No te tengo miedo! Y diré lo de Carmina. ¡Lo diré ahora mismo! (*Llama con apremio al timbre de su casa.*)

---

[19] **le da una bofetada** he slaps him
[20] **se le saltan las lágrimas** tears come to his eyes

FERNANDO, HIJO (*desde la barandilla del primer rellano*)

¡Baja, chivato!

MANOLÍN

No. Además, esos pitillos no son míos.

FERNANDO, HIJO

¡Baja!
(FERNANDO, el padre, *abre la puerta.*)

MANOLÍN

¡Papa, Fernando estaba besándose con Carmina en la 5
escalera!

FERNANDO, HIJO

¡Embustero!

MANOLÍN

Sí, papá. Yo no los veía porque estaba en el "casinillo";
pero . . .

FERNANDO (*a* MANOLÍN)

Pasa para adentro.   10

MANOLÍN

Papá, te aseguro que es verdad.

FERNANDO

Adentro. (*Con un gesto de burla a su hermano,*
MANOLÍN *entra.*) Y tú, sube.

FERNANDO, HIJO

Papá, no es cierto que me estuviera besando con [21] Carmina. (*Empieza a subir.*)

FERNANDO

¿Estabas con ella?

FERNANDO, HIJO

Sí.

FERNANDO

5   ¿Recuerdas que te hemos dicho muchas veces que no tontearas con ella?

FERNANDO, HIJO (*que ha llegado al rellano*)

Sí.

FERNANDO

Y has desobedecido . . .

FERNANDO, HIJO

Papá . . . Yo . . .

FERNANDO

10   Entra. (*Pausa.*) ¿Has oído?

FERNANDO, HIJO (*rebelándose*)

¡No quiero! ¡Se acabó!

[21] no es . . . besando con it is not true that I was kissing

FERNANDO

¿Qué dices?

FERNANDO, HIJO

¡No quiero entrar! ¡Ya estoy harto de vuestras estúpidas prohibiciones!

FERNANDO (*conteniéndose*)

Supongo que no querrás escandalizar para los vecinos . . .   5

FERNANDO, HIJO

¡No me importa! ¡También estoy harto de esos miedos!
(ELVIRA, *avisada sin duda por* MANOLÍN, *sale a la puerta.*)
¿Por qué no puedo hablar con Carmina, vamos a ver? 10
¡Ya soy un hombre!

ELVIRA (*que interviene con acritud*)

¡No para Carmina!

FERNANDO (*a* ELVIRA)

¡Calla! (*A su hijo.*) Y tú entra. Aquí no podemos dar voces.

FERNANDO, HIJO

¿Qué tengo yo que ver con vuestros rencores y 15 vuestros viejos prejuicios? ¿Por qué no vamos a poder querernos Carmina y yo?

ELVIRA

¡Nunca!

FERNANDO

No puede ser, hijo.

FERNANDO, HIJO

Pero, ¿por qué?

FERNANDO

Tú no lo entiendes. Pero entre esa familia y nosotros
5 no puede haber noviazgos.

FERNANDO, HIJO

Pues os tratáis.[22]

FERNANDO

Nos saduamos, nada más. (*Pausa.*) A mí realmente
no me importaría demasiado. Es tu madre . . .

ELVIRA

Claro que no. ¡Ni hablar de la cosa!

FERNANDO

10   Los padres de ella tampoco lo consentirían. Puedes
estar seguro.

ELVIRA

Y tú debías ser el primero en prohibírselo en vez de
halagarle con esas blanduras improcedentes.

[22] **Pues os tratáis** Well, you speak to each other

FERNANDO

¡Elvira!

ELVIRA

¡Improcedentes! (*A su hijo.*) Entra, hijo.

FERNANDO, HIJO

Pero, mamá . . . Papá . . . ¡Cada vez lo entiendo menos! Os empeñáis en no comprender que yo . . . ¡no puedo vivir sin Carmina!   5

FERNANDO

Eres tú el que no nos comprendes. Yo te lo explicaré todo, hijo.

ELVIRA

¡No tienes que explicar nada! (*A su hijo.*) Entra.

FERNANDO

Hay que explicarle, mujer . . . (*A su hijo.*) Entra, hijo.   10

FERNANDO, HIJO (*entrando, vencido*)

No os comprendo . . . No os comprendo . . .
(*Cierran. Pausa.* TRINI *y* ROSA *vuelven de la compra.*)

TRINI

¿Y no le has vuelto a ver?

ROSA

¡Muchas veces! Al principio no me saludaba, me evitaba. Y yo, como una tonta, le buscaba. Ahora, es al revés . . .

TRINI

¿Te busca él?

ROSA

5 Ahora me saluda, y yo a él no. ¡Canalla! Me ha entretenido durante años para dejarme cuando ya no me mira a la cara nadie.

TRINI

Estará ya viejo . . .

ROSA

¡Muy viejo! Y muy gastado. Porque sigue bebiendo 10 y trasnochando . . .

TRINI

¡Qué vida!

ROSA

Casi me alegro de no haber tenido hijos con él. No habrían salido sanos.[23] (*Pausa.*) ¡Pero yo hubiera querido tener un niño, Trini! Y hubiese querido que él no fuese 15 como era . . . y que el niño se le hubiese parecido.

[23] **No habrían salido sanos** They wouldn't have been healthy

TRINI

Las cosas nunca suceden a nuestro gusto.

ROSA

No. (*Pausa.*) ¡Pero, al menos, un niño! ¡Mi vida se habría llenado con un niño! (*Pausa.*)

TRINI

. . . La mía también.

ROSA

¿Eh? (*Pausa breve.*) Claro. ¡Pobre Trini! ¡Qué 5 lástima que no te hayas casado! [24]

TRINI (*deteniéndose, sonríe con pena*)

¡Qué iguales somos en el fondo [25] tú y yo!

ROSA

Todas las mujeres somos iguales en el fondo.

TRINI

Sí . . . Tú has sido el escándalo de la familia y yo la víctima. Tú quisiste vivir tu vida y yo me dediqué 10 a la de los demás. Te juntaste con un hombre y yo sólo conozco el olor de los de la casa . . . Ya ves: al final hemos venido a fracasar de igual manera.[26]

ROSA *la enlaza y aprieta suavemente el talle.* TRINI *la imita. Llegan enlazadas a la puerta.*) 15

[24] ¡Qué lástima . . . casado! What a pity you haven't married
[25] en el fondo at bottom
[26] al final hemos venido a fracasar de igual manera in the end we have ended by failing in the same way

ROSA (*suspirando*)

Abre . . .

TRINI (*suspirando*)

Sí . . . Ahora mismo . . .

(*Abre con el llavín y entran. Pausa. Suben* URBANO,
CARMINA *y su hija. El padre viene riñendo a la mu-*
5 *chacha, que atiende tristemente sumisa. La madre se*
muestra jadeante y muy cansada.)

URBANO

¡Y no quiero que vuelvas a pensar en Fernando! Es
como su padre: un inútil.

CARMINA

¡Eso!

URBANO

10   Más de un pitillo nos hemos fumado el padre [27] y yo
ahí mismo (*señala el "casinillo"*) cuando éramos jóvenes.
Me acuerdo muy bien. Tenía muchos pajaritos en la
cabeza.[28] Y su hijo es como él: un gandul. Así es que no
quiero ni oírte su nombre. ¿Entendido? [29]

CARMINA, HIJA

15   Sí, padre.
(*La madre se apoya, agotada, en el pasamanos.*)

[27] **el padre** his father
[28] **Tenía . . . en la cabeza** He had great visions of grandeur
[29] **¿Entendido?** Is that understood?

URBANO

¿Te cansas?

CARMINA

Un poco.

URBANO

Un esfuerzo. Ya no queda nada. (*A la hija, dándole la llave.*) Toma, ve abriendo.[30] (*Mientras la muchacha sube y entra, dejando la puerta entornada.*) ¿Te duele 5 el corazón?

CARMINA

Un poquillo . . .

URBANO

¡Dichoso corazón!

CARMINA

No es nada. Ahora se pasará.[31] (*Pausa.*)

URBANO

¿Por qué no quieres que vayamos a otro médico?   10

CARMINA (*seca*)

Porque no.

---

[30] **Un esfuerzo . . . ve abriendo** One more push. Not much more left. Here, open the door in the meantime
[31] **Ahora se pasará** It shall be over in a moment

URBANO

¡Una testarudez tuya! Puede que otro médico consiguiese . . .

CARMINA

Nada. Esto no tiene arreglo; es de la edad . . . y de las desilusiones.

URBANO

5   ¡Tonterías! Podíamos probar . . .

CARMINA

¡Que no! [32] ¡Y déjame en paz! (*Pausa.*)

URBANO

¿Cuándo estaremos de acuerdo tú y yo en algo?

CARMINA (*con amargura*)

Nunca.

URBANO

Cuando pienso lo que pudiste haber sido para mí . . . 10 ¿Por qué te casaste conmigo, si no me querías?

CARMINA (*seca*)

No te engañé. Tú te empeñaste.

URBANO

Sí. Supuse que podría hacerte olvidar otras cosas . . . Y esperaba más correspondencia, más . . .

[32] ¡Que no! I say no!

CARMINA

Más agradecimiento.

URBANO

No es eso. (*Suspira.*) En fin, paciencia.

CARMINA

Paciencia.
(PACA *se asoma y los mira. Con voz débil, que contrasta con la fuerza de una pregunta igual hecha veinte* 5
años antes:)

PACA

¿No subís?

URBANO

Sí.

CARMINA

Sí. Ahora mismo.
(PACA *se mete.*)   10

URBANO

¿Puedes ya?

CARMINA

Sí.

* * *

(URBANO *le da el brazo. Suben lentamente, silenciosos.*
De peldaño en peldaño se oye la dificultosa respiración
de ella. Llegan finalmente y entran. A punto de cerrar,
URBANO *ve a* FERNANDO, *el padre, que sale del II y*
5 *emboca la escalera. Vacila un poco y al fin se decide a*
llamarle cuando ya ha bajado unos peldaños.)

URBANO

Fernando.

FERNANDO (*volviéndose*)

Hola. ¿Qué quieres?

URBANO

Un momento. Haz el favor.

FERNANDO

10   Tengo prisa.

URBANO

Es sólo un minuto.

FERNANDO

¿Qué quieres?

URBANO

Quiero hablarte de tu hijo.

FERNANDO

¿De cuál de los dos?

URBANO

De Fernando.

FERNANDO

¿Y qué tienes que decir de Fernando?

URBANO

Que harías bien impidiéndole que sonsacase a mi Carmina.

FERNANDO

¿Acaso crees que me gusta la cosa? Ya le hemos dicho 5 todo lo necesario. No podemos hacer más.

URBANO

¿Luego lo sabías?

FERNANDO

Claro que lo sé. Haría falta estar ciego . . .

URBANO

Lo sabías y te alegrabas, ¿no?

FERNANDO

¿Que me alegraba?   10

URBANO

¡Sí! Te alegrabas. Te alegrabas de ver a tu hijo tan parecido a ti mismo . . . De encontrarle tan irresistible como lo eras tú hace treinta años. (*Pausa.*)

FERNANDO

No quiero escucharte. Adiós. (*Va a marcharse.*)

URBANO

¡Espera! Antes hay que dejar terminada esta cuestión. Tu hijo . . .

FERNANDO (*sube y se enfrenta con él*)

Mi hijo es una víctima, como lo fuí yo. A mi hijo le
5 gusta Carmina porque ella se le ha puesto delante.[33]
Ella es quien le saca de sus casillas.[34] Con mucha mayor razón podría yo decirte que la vigilases.

URBANO

¡Ah, en cuanto a ella puedes estar seguro! Antes la deslomo que permitir que se entienda con tu Fernandito.
10 Es a él a quien tienes que sujetar y encarrilar . . . Porque es como tú eras: un tenorio y un vago.

FERNANDO

¿Yo un vago?

URBANO

Sí. ¿Dónde han ido a parar [35] tus proyectos de trabajo? No has sabido hacer más que mirar por encima del
15 hombro a los demás. ¡Pero no te has emancipado, no te

---

[33] **ella se le ha puesto delante** she has sought him
[34] **Ella es quien le saca de sus casillas** It is she who gets him out of his normal habits
[35] **¿Dónde han ido a parar?** What have become?

has libertado! (*Pegando en el pasamanos.*) ¡Sigues amarrado a esta escalera, como yo, como todos!

FERNANDO

Sí; como tú. También tú ibas a llegar muy lejos con
el sindicato y la solidaridad. (*Irónico.*) Ibais a arreglar
las cosas para todos . . . hasta para mí.   5

URBANO

¡Sí! ¡Hasta para los zánganos y cobardes como tú!
(CARMINA, *la madre, sale al descansillo después de
escuchar un segundo e interviene. El altercado crece en
violencia hasta su final.*)

CARMINA

¡Eso! ¡Un cobarde! ¡Eso es lo que has sido siempre! 10
¡Un gandul y un cobarde!

URBANO

¡Tú, cállate!

CARMINA

¡No quiero! Tenía que decírselo. (*A* FERNANDO.)
¡Has sido un cobarde toda tu vida! Lo has sido para
las cosas más insignificantes . . . y para las más im- 15
portantes. (*Lacrimosa.*) ¡Te asustaste como una gallina
cuando hacía falta ser un gallo con cresta y espolones!

URBANO (*furioso*)

¡Métete para adentro!

CARMINA

¡No quiero! (*A* FERNANDO.) Y tu hijo es como tú: un cobarde, un vago y un embustero. Nunca se casará con mi hija, ¿entiendes?
(*Se detiene, jadeante.*)

FERNANDO

5 Ya procuraré que no haga esa tontería.

URBANO

Para vosotros no sería una tontería, porque ella vale mil veces más que él.

FERNANDO

Es tu opinión de padre. Muy respetable.
(*Se abre el II y aparece* ELVIRA, *que escucha y los* 10 *contempla.*)
Pero Carmina es de la pasta de su familia.[36] Es como Rosita . . .

URBANO (*que se acerca a él rojo de rabia* [37])

Te voy a . . . (*Su mujer le sujeta.*)

FERNANDO

¡Sí! ¡A tirar por el hueco de la escalera! Es tu amenaza 15 favorita. Otra de las cosas que no has sido capaz de hacer con nadie.

---

[36] **es de la pasta de su familia** takes after her family
[37] **rojo de rabia** red with anger

ELVIRA (*avanzando*)

¿Por qué te avienes a discutir con semejante gentuza?
(FERNANDO, *hijo, y* MANOLÍN, *ocupan la puerta y
presencian la escena con disgustado asombro.*)
Vete a lo tuyo.[38]

CARMINA

¡Una gentuza a la que no tiene usted derecho a hablar! 5

ELVIRA

Y no la hablo.

CARMINA

¡Debería darle vergüenza! ¡Porque usted tiene la
culpa de [39] todo esto!

ELVIRA

¿Yo?

CARMINA

Sí, usted, que ha sido siempre una zalamera y una 10
entrometida . . .

ELVIRA

¿Y usted qué ha sido? ¡Una mosquita muerta! Pero le
salió mal la combinación.[40]

[38] **Vete a lo tuyo** Go back to your job
[39] **usted tiene la culpa de** you are to be blamed for
[40] **le salió mal la combinación** your scheme failed

FERNANDO (*a su mujer*)

Estáis diciendo muchas tonterías . . .

(CARMINA, *la hija;* PACA, ROSA *y* TRINI *se agolpan en su puerta.*)

ELVIRA

¡Tú te callas! (*A* CARMINA, *por* FERNANDO.) ¿Cree
5 usted que se lo quité? ¡Se lo regalaría de buena gana! [41]

FERNANDO

¡Elvira, cállate! ¡Es vergonzoso!

URBANO (*a su mujer*)

¡Carmina, no discutas eso!

ELVIRA (*sin atender a su marido*)

Fué usted, que nunca supo retener a nadie, que no ha
sido capaz de conmover a nadie . . . ni de conmoverse.

CARMINA

10   ¡Usted, en cambio, se conmovió a tiempo! ¡Por eso
se lo llevó!

ELVIRA

¡Cállese! ¡No tiene derecho a hablar! Ni usted ni
nadie de su familia puede rozarse con personas decentes.
Paca ha sido toda su vida una murmuradora . . . y una
15 consentidora. (*A* URBANO.) ¡Como usted! Consenti-
dores de los caprichos de Rosita . . . ¡Una cualquiera!

[41] **de buena gana** willingly

ROSA

¡Deslenguada! ¡Víbora!

(*Se abalanza y la agarra del pelo. Todos vocean.*
CARMINA *pretende pegar a* ELVIRA. URBANO *trata de
separarlas.* FERNANDO *sujeta a su mujer. Entre los dos
consiguen separarlas a medias.* FERNANDO, *el hijo, con* 5
*el asco y la amargura pintados en su faz, avanza despacio
por detrás del grupo y baja los escalones sin dejar de
mirar, tanteando la pared a sus espaldas. Con desespe-
rada actitud sigue escuchando desde el "casinillo" la
disputa de los mayores.*)   10

FERNANDO

¡Basta! ¡Basta ya!

URBANO (*a los suyos*)

¡Adentro todos!

ROSA (*a* ELVIRA)

¡Si yo me junté con Pepe y me salió mal, usted cazó a
Fernando! . . .

ELVIRA

¡Yo no he cazado a nadie!   15

ROSA

¡A Fernando!

CARMINA

¡Sí! ¡A Fernando!

ROSA

Y le ha durado. Pero es tan chulo como Pepe.

FERNANDO

¿Cómo?

URBANO (*Enfrentándose con él.*)

¡Claro que sí! ¡En eso llevan razón! Has sido un cazador de dotes. En el fondo, igual que Pepe. ¡Peor! ¡Por-
5 que tú has sabido nadar y guardar la ropa!

FERNANDO

¡No te parto la cabeza porque . . . !
(*Las mujeres los sujetan ahora.*)

URBANO

¡Porque no puedes! ¡Porque no te atreves! ¡Pero a
tu niño se la partiré yo como le vea rondar a Carmina!

PACA

10 ¡Eso! ¡A limpiarse de mi nieta! [42]

URBANO (*con grandes voces*)

¡Y se acabó! ¡Adentro todos! (*Los empuja rudamente.*)

ROSA (*antes de entrar, a* ELVIRA)

¡Pécora!

[42] ¡Eso! ¡A limpiarse de mi nieta! That's it! Stay clear from my
granddaughter!

CARMINA (*lo mismo*)

¡Enredadora!

ELVIRA

¡Escandalosas! ¡Ordinarias!
(URBANO *logra hacer entrar a los suyos y cierra con
un tremendo portazo.*)

FERNANDO (*a* ELVIRA *y* MANOLÍN)

¡Vosotros, para dentro también!   5

ELVIRA (*después de considerarle un momento,
con desprecio*)

¡Y tú a lo tuyo, que ni para eso vales!
(*Su marido la mira violento. Ella mete a* MANOLÍN
de un empujón y cierra también con un portazo. FER-
NANDO *baja tembloroso la escalera, con la lentitud de un
vencido. Su hijo* FERNANDO *le ve cruzar y desaparecer* 10
con una mirada de espanto. La escalera queda en silencio.
FERNANDO, *el hijo, oculta la cabeza entre las manos.
Pausa larga.* CARMINA, *la hija, sale con mucho sigilo de
su casa y cierra la puerta sin ruido. Su cara no está menos
descompuesta que la de* FERNANDO. *Mira por el hueco* 15
*y después fija su vista con ansiedad en la esquina del
"casinillo." Baja tímidamente unos peldaños sin dejar de
mirar.* FERNANDO *la siente y se asoma.*)

FERNANDO, HIJO

¡Carmina!
(*Aunque esperaba su presencia, ella no puede reprimir* 20

*un suspiro de susto. Se miran un momento y en seguida
ella baja corriendo y se arroja llorando en sus brazos.*)
¡Carmina . . . !

CARMINA, HIJA

¡Fernando! Ya ves . . . Ya ves que no puede ser.

FERNANDO, HIJO

5 ¡Sí puede ser! No te dejes vencer por su sordidez.
¿Qué puede haber de común entre ellos y nosotros?
¡Nada! ¡Ellos son viejos y torpes! No comprenden . . .
Yo lucharé para vencer. Lucharé por ti y por mí. Pero
tienes que ayudarme, Carmina. Tienes que confiar en mí
10 y en nuestro cariño.

CARMINA, HIJA

¡No podré!

FERNANDO, HIJO

Podrás. Podrás . . . porque yo te lo pido. Tenemos
que ser más fuertes que nuestros padres. Ellos se han
dejado vencer por la vida. Han pasado treinta años su-
15 biendo y bajando esta escalera . . . Haciéndose cada
día más mezquinos y más vulgares. Pero nosotros no nos
dejaremos vencer por este ambiente. ¡No! Porque nos
marcharemos de aquí. Nos apoyaremos el uno en el otro.
Me ayudarás a subir, a dejar para siempre esta casa
20 miserable, estas broncas constantes, estas estrecheces. Me
ayudarás, ¿verdad? Dime que sí,[43] por favor. ¡Dímelo!

---

[43] **Dime que sí** Tell me that you will

CARMINA, HIJA

Te necesito, Fernando. ¡No me dejes!

FERNANDO, HIJO

¡Pequeña!

(*Quedan un momento abrazados. Después, él la lleva
al primer escalón y la sienta junto a la pared, sentándose
a su lado. Se cogen las manos y se miran, arrobados.*)   5

Carmina, voy a empezar en seguida a trabajar por ti.
¡Tengo muchos proyectos!

(CARMINA, *la madre, sale de su casa con expresión
inquieta y los divisa, entre disgustada y angustiada. Ellos
no se dan cuenta.*)   10

Saldré de aquí. Dejaré a mis padres. No los quiero. Y te
salvaré a ti. Vendrás conmigo. Abandonaremos este nido
de rencores y de brutalidad.

CARMINA, HIJA

¡Fernando!

(FERNANDO, *el padre, que sube la escalera, se detiene,* 15
estupefacto, al entrar en escena.)

FERNANDO, HIJO

Sí, Carmina. Aquí sólo hay brutalidad e incomprensión para nosotros. Escúchame. Si tu cariño no me falta,
emprenderé muchas cosas. Primero me haré aparejador.
¡No es difícil! En unos años me haré un buen aparejador. 20
Ganaré mucho dinero y me solicitarán todas las empresas
constructoras. Para entonces ya estaremos casados . . .
Tendremos nuestro hogar alegre y limpio . . . , lejos de
aquí. Pero no dejaré de estudiar por eso. ¡No, no, Car-

mina! Entonces me haré ingeniero. Seré el mejor ingeniero del país y tú serás mi adorada mujercita . . .

CARMINA, HIJA

¡Fernando! ¡Qué felicidad! . . . ¡Qué felicidad!

FERNANDO, HIJO

¡Carmina!

5   (*Se contemplan extasiados, próximos a besarse. Los
padres se miran y vuelven a observarlos. Se miran de
nuevo, largamente. Sus miradas, cargadas de una infinita
melancolía, se cruzan sobre el hueco de la escalera sin
rozar el grupo ilusionado de los hijos.*)

TELON

EXERCISES

ACTO PRIMERO

I. Páginas 7–22:

A. PREGUNTAS:

1. ¿Cuántas puertas hay en el segundo rellano?
2. ¿Qué es un Cobrador de Luz?
3. ¿Cuánto debe pagar Paca?
4. ¿Qué personas pagan al cobrador sin protesta?
5. ¿Por qué no puede pagar doña Asunción?
6. ¿Quién paga por ella?
7. ¿Quién es Elvira?
8. ¿Quién es Fernando?
9. ¿Dónde trabaja Fernando?
10. ¿Qué favor le pide Elvira a su padre?
11. ¿Qué lleva Trini en la mano?
12. ¿Qué es Elvirita, según Trini?
13. ¿Qué lleva Carmina en la mano?
14. ¿Cómo es Fernando?
15. ¿Por qué está Fernando enfadado?

B. TEMAS:

1. El cobrador de luz y sus dificultades.
2. Contraste entre doña Asunción y Paca.
3. Descripción de Elvira.

C. PALABRAS Y EXPRESIONES

1. se encuentran	are found
2. pasamanos de hierro	iron railing
3. fatigosamente	with difficulty
4. ¡Y todavía se ríe!	And he still laughs!
5. ¿me paga o no?	Are you going to pay me or not!
6. Está bien	It is all right
7. en voz baja	in a low voice
8. de verdad	really
9. aquí tiene	here you have
10. muchísimas gracias	thank you very much
11. no hace más que leer	he only reads
12. ¡Más bonitas!	So pretty!
13. se quita el sombrero	he takes off his hat
14. le da la mano	he shakes hands with her
15. de pronto	suddenly
16. locuela	silly girl
17. es el que	is the one who
18. otra cosa	something else
19. yerno	son-in-law
20. ¿Concedido?	Granted?
21. se dirige a	goes to
22. buenos	good afternoon
23. ¿De veras?	Really?
24. gandulazo	loafer
25. lagartona	foxy
26. ¡Que se le olvida la cacharra!	You are forgetting the pot!
27. en efecto	in fact
28. pantalón de luto	black (mourning) trousers
29. ¿Te ha pasado algo?	Has anything happened?
30. de golpe	suddenly

II. Páginas 22–37:

A. PREGUNTAS:

1. ¿Quién llega cuando Fernando está solo?
2. ¿Cómo viste Urbano?
3. ¿Qué hacen los dos mientras hablan?

4. ¿Dónde trabaja Urbano?
5. ¿En qué se interesa Urbano?
6. ¿Falta mucho Fernando al trabajo?
7. Según Urbano ¿qué es Fernando?
8. ¿Son enemigos Urbano y Fernando?
9. ¿A qué tiene miedo Fernando?
10. ¿Qué necesita Fernando para tener éxito, según Urbano?
11. ¿Quién llega en ese momento?
12. ¿Cómo es Rosa?
13. ¿Qué otra persona sale?
14. ¿Cómo trata Paca a Rosa?
15. ¿Por qué no quiere Urbano que Pepe sea novio de Rosa?

B. TEMAS:

1. Urbano y Fernando: diferencia, ideas de cada uno, ilusiones, desilusiones.
2. Descripción de Rosa y su familia.

C. PALABRAS Y EXPRESIONES:

1. se detiene al verle	he stops on seeing him
2. mejorar la vida	to improve (better) our lives
3. ¿Se puede uno reír?	Can one laugh?
4. todos los días	everyday
5. no podrías faltar	you could not be absent (away)
6. trabajos particulares	private jobs
7. acabarías por	you would end up by
8. para entonces	by that time
9. parece	it seems
10. ¡Es que . . . !	The fact is that . . . !
11. sin que nada cambie	without anything changing
12. Ayer mismo	Just yesterday
13. a escondidas	hiding
14. pagar la casa	pay the rent of the house

15. día tras día	day after day
16. Por eso	That is why
17. Claro	Naturally, of course
18. buen mozo	handsome young man
19. noviazgos	loves, love affairs
20. ¿verdad?	isn't it?
21. le palmotea la espalda	he slaps his back
22. ¡No busco más!	I am not trying to find anything else!
23. ronda ya los treinta años	is around thirty years of age
24. se vuelve	turns around
25. abre de improviso	opens unexpectedly
26. ¡Adentro!	Go in! Inside!
27. mayor de edad	of age
28. Le vuelve la espalda	Turns his back to him
29. que luego no se cumplen	that are not kept later
30. hasta luego	until later
31. ¿Traes hambre?	Are you hungry?

III. Páginas 37–53:

A. PREGUNTAS:

1. ¿Cómo trata don Manuel a Fernando?
2. ¿Qué hace Elvira antes de entrar?
3. ¿Quién es el señor Gregorio?
4. ¿Cómo es Carmina?
5. ¿Quién sale para hablar con Fernando?
6. ¿Se interesa Elvira en Fernando?
7. ¿Qué hace Elvira por fin?
8. ¿Qué pide Paca a Generosa?
9. ¿De qué hablan las dos mujeres?
10. ¿De qué vive doña Asunción?
11. ¿Qué es don Manuel, según Paca?
12. ¿Por qué está triste Gregorio?
13. ¿Cuáles son las relaciones entre Fernando y Carmina?

14. ¿Cómo termina esta entrevista?
15. ¿Qué piensa ser Fernando?

B. TEMAS:

1. Contraste entre Paca y Generosa.
2. Fernando y Carmina.

C. PALABRAS Y EXPRESIONES:

1.	con frecuencia	frequently
2.	descansillo	landing
3.	puerta entornada	door ajar
4.	procúralo	try to do it
5.	contar conmigo	count on me
6.	levantando la vista	raising his eyes
7.	Al tiempo de	At the time of
8.	De nada	Don't mention it
9.	a oscuras	in the dark
10.	¡Jesús!	My Heavens!
11.	Aun así	Even then
12.	A propósito	By the way
13.	no pierde palabra	doesn't miss a word
14.	¡una miseria!	a trifle!
15.	¿No será al revés?	Can it be the other way around?
16.	oficinista	office man
17.	sacaperras	money-making place
18.	el pobre	the poor man
19.	se meten	go in, enter
20.	nos tuteábamos	we used to call each other "tú'
21.	jugando a los novios	playing sweethearts
22.	me querías	you used to love me
23.	A ti, precisamente	To you, to be sure
24.	No te marches	Don't go away
25.	¡Qué nos importa!	What do we care!
26.	¡Yo tampoco!	Neither do I!
27.	de firme	steadily, for sure
28.	delineante	draftsman
29.	Puede que	Perhaps, Maybe
30.	los dos	both

ACTO SEGUNDO

I. Páginas 54–63 :

A. *PREGUNTAS:*

1. ¿Cuántos años han transcurrido?
2. ¿Por qué están llorando Generosa y Carmina?
3. ¿Qué hacen las dos cuando están llorando?
4. ¿Qué desea hacer Generosa por el balcón?
5. ¿Vive doña Asunción todavía?
6. ¿Quién acaba de morir?
7. ¿Quién trata de consolar a Juan?
8. ¿Qué no hará ahora Juan con Gregorio?
9. ¿Qué es la ley de vida, según Paca?
10. ¿Cuál es el deseo de Generosa antes de morir?
11. ¿Quién aparece cuando todos salen de la escena?
12. ¿Cómo se mantiene Elvira?
13. ¿Quién decide entre Elvira y Fernando?
14. ¿Qué cuento decía Fernando a todas, según Elvira?
15. Según Fernando ¿cómo es Elvira?

B. *TEMAS:*

1. Discusión de muertes y entierros hasta el momento.
2. ¿Cómo es Trini?

C. PALABRAS Y EXPRESIONES:

1. que cultiva	who cares solicitously
2. se advierte	is noticed
3. han encanecido	have grown gray-haired
4. marchitarse	to wither, to fade
5. de par en par	wide open
6. Ande . . . !	Go ahead!
7. se abrazan a medias	they embrace halfheartedly
8. presurosa	hurriedly
9. coches fúnebres	hearses
10. entierro de primera	first class funeral
11. por fuera	on the outside
12. Se asoma	She looks out
13. se le aproxima	approaches him
14. ¡A todos nos llegará la hora!	The hour will come to all of us!
15. ley de vida	law of nature
16. ¡alma mía!	darling!
17. un ratito	a short while
18. No se apure	Don't worry
19. Todos	All of you
20. Me dan ganas de darle azotes como a un crío	I feel like beating her up like a child
21. tinte vulgar	coarse complexion
22. no guarda	does not have
23. el pésame	our sorrow, our condolence
24. se acabó	is gone
25. ¡Tonta de mí!	Fool that I was!
26. niño mimado	spoiled child
27. entre dientes	muttering
28. niña caprichosa	whimsical girl
29. sin educación	without any manners
30. para avisarla	to warn her

II. Páginas 63–76:

A. PREGUNTAS:

1. ¿Quién llega cuando Fernando y Elvira discuten?

2. ¿Adónde se dirige esta persona?

3. ¿Qué hace Pepe por la noche, según Rosa?

4. ¿Qué hace Rosa contra Pepe?
5. ¿Qué dice Pepe a Trini?
6. ¿Qué dice Trini a Pepe?
7. ¿Quién oye el piropo de Pepe?
8. ¿Está contento Urbano?
9. ¿Quién defiende a Fernando?
10. ¿Quién sale a causa del ruido?
11. ¿Quién quiere a Carmina?
12. ¿Qué piensa hacer Urbano si Carmina se casa con él?
13. ¿Cómo están Urbano y Carmina cuando Paca los ve?
14. ¿Aprueba Paca estas relaciones?
15. ¿Adónde pensaba ir Carmina con el capacho?

B. TEMAS:

1. Discusión de los esposos Fernando y Elvira.
2. Relaciones entre Pepe y Rosa.
3. Urbano y Carmina.

C. PALABRAS Y EXPRESIONES:

1. **Tras un segundo de vacilación**	After a second of hesitation
2. **empalidecido**	pale-looking
3. **gatita**	"chicken"
4. **puchero**	pot; stew
5. **¿Y te atreves?**	And you dare?
6. **Si me vienes con pegas**	If you come to me with tricks
7. **se echa a llorar**	she starts to cry
8. **chulo**	dude, fop
9. **te los vas a tragar**	you are going to swallow them
10. **Le inclina**	He pushes him
11. **¡Te tiro!**	I'll throw you!
12. **mosquita muerta**	you faker
13. **enloquecido**	enraged
14. **apartándola**	pushing her aside

15. amargarnos la vida	to embitter our life (lives)
16. suelta ese trapo	let go of that good-for-nothing
17. bronca	squabble
18. duelo	sorrow, grief
19. ¡Claro que tengo razón!	Of course I am right!
20. ¿Se acabó ya el entierro?	Is the funeral all over?
21. si no me enredo a golpes	if I don't start giving blows
22. ¡Peste de vecinos!	These filthy neighbors!
23. atajándole rápida	interrupting him quickly
24. Se dispone a seguir	She gets ready to follow
25. Te quiero hace muchos años	I have loved you for many years
26. no valgo nada	I am good for nothing
27. a algún otro	someone else
28. vieja	the old lady
29. Bonita conversación	Nice conversation (ironical)
30. Fuerte	Aloud

III. Páginas 76–91:

A. PREGUNTAS:

1. ¿Qué le pasa a Juan, padre de Trini?
2. ¿Qué quiere hacer?
3. ¿Qué dice sobre Rosita (Rosa)?
4. ¿Trata Pepe bien a Rosita?
5. ¿Por qué se juntaron Pepe y Rosa?
6. ¿Por qué está delgada Rosa?
7. ¿Qué da Juan a Trini para Rosa?
8. ¿Cuánto dinero le da Trini a Rosa?
9. ¿De qué hablan Fernando y Elvira?
10. ¿Por qué no quiere Elvira que Fernando entre?
11. ¿Por qué se casó Fernando con Elvira, según ésta?
12. ¿Qué le da Fernando a Elvira?
13. ¿Cómo están Carmina y Urbano al abrirse el I?
14. ¿A quién se parece Fernandito, el hijo, según Elvira?
15. ¿Por qué se enfada Elvira?

B. TEMAS:

1. Discusión del señor Juan y sus hijas Trini y Rosa.
2. Fernando y Elvira quieren dar el pésame. Su vacilación, etc.

C. PALABRAS Y EXPRESIONES:

1.	se para	stops
2.	me da vergüenza	I am ashamed
3.	a punto	ready
4.	¿qué tal . . . ?	how . . . ?
5.	le pega	he hits her
6.	apenas come	she scarcely eats
7.	Y no cena nunca	And she never has supper
8.	lo delgada	how slender, how thin
9.	Pero tú sí	But I am, indeed, concerned with you
10.	durillos	a few bucks
11.	no son buenos a la vejez	are not good for old age
12.	consuelo	consolation
13.	conmovida	moved, stirred
14.	vuelta	return
15.	repetidas veces	repeatedly
16.	Él te nombró primero	He first mentioned you
17.	Ya te he dicho que no	I have already said no
18.	es lo mejor	it is the best thing
19.	cositas y tonterías	sweet things and nonsense
20.	Fantasías	Imaginations of yours
21.	valgo	I am worth
22.	¡No me lo creo!	I don't believe it!
23.	actitud clara	uncompromising situation
24.	¡Qué casualidad!	What a coincidence!
25.	En cuanto me despida de	As soon as I say good-bye to
26.	Se desvive por	He worries himself too much about
27.	desprenderse	to let go, to let loose
28.	Dormidito	Nicely asleep
29.	monada	precious child
30.	matrimonio	man and wife, married couple

ACTO TERCERO

I. Páginas 92–103:

A. PREGUNTAS:

1. ¿Cuántos años han pasado desde el primer acto?
2. ¿Cómo es la escalera ahora?
3. ¿Quién aparece en la primera escena?
4. ¿Quiénes han muerto ya en este acto?
5. ¿De qué hablan el Joven y el Señor?
6. ¿Tiene ascensor la casa ahora?
7. ¿Qué dos matrimonios se encuentran en la escalera?
8. ¿Quién es Manolín?
9. ¿Por qué quiere Manolín pasteles?
10. ¿Qué saca Manolín en el "casinillo"?
11. ¿Quién pasa por allí entonces?
12. ¿Qué prefiere Manolín como regalo de Trini?
13. ¿Qué quiere Manolín de Trini?
14. ¿Acepta Trini la declaración?
15. ¿Qué hace Trini?

B. TEMAS:

1. El cumpleaños de Manolín.
2. Las dificultades entre las dos familias, la de Fernando y la de Urbano.

147

C. PALABRAS Y EXPRESIONES:

1. La escalera sigue siendo	The stairway continues to be
2. a lo largo del	in the course of
3. placa de metal	metal plate
4. entrecortadamente	hesitatingly
5. ¡Qué escalerita!	What a cursed stairway!
6. Lo que quiero	What I want
7. bajan emparejados	they go down side by side
8. tantísimo	so much
9. de balde	free
10. Al cruzarse	On crossing each other
11. por ver	in order to see
12. Ya ves que no	You see that we don't
13. cumpleaños	birthday
14. te guardamos	we have for you
15. camino de	on the way to
16. No tardes	Don't be late
17. Se pone a fumar	He starts to smoke
18. Desde aquello	Since that affair
19. bocanada de humo	puff of smoke
20. Tira eso	Throw that away (down)
21. ¡Ni lo sueñes!	Don't even dream of it!
22. trata de arrastrar	tries to pull
23. se muerde los labios	she bites her lips
24. ¿Te casarás conmigo . . . ?	Will you marry me . . . ?
25. con cara triste	with a sad face
26. colorado	blushing
27. ancianita	little old woman
28. se separa	she moves away
29. emparejar	to walk along
30. si . . . o	whether . . . or

II. Páginas 103–121:

A. PREGUNTAS:

1. ¿Quién es la joven de 18 años de edad que sale del III?

2. ¿Qué hace Carmina, hija, en la barandilla?

3. ¿Qué debe de comprar Carmina?

4. ¿Qué edad tiene Fernando, hijo?
5. ¿Qué pregunta Fernando a Carmina?
6. ¿Por qué no corresponde Carmina al amor de Fernando?
7. ¿Por qué no quiere entrar en casa Manolín?
8. ¿Quiénes salen a establecer paz?
9. ¿Qué dice Fernando, hijo, a sus padres sobre Carmina?
10. ¿Aceptaría Fernando, padre, las relaciones?
11. Después de entrar todos en el II, ¿quiénes aparecen otra vez?
12. ¿De qué habla Rosa a su hermana?
13. ¿De qué la ha abandonado?
14. ¿Por qué no quiere Urbano que su hija Carmina sea novia de Fernando?
15. ¿De qué sufre Carmina, la madre?

B. TEMAS:

1. Relaciones entre Carmina, hija, y Fernando, hijo. Resultado.
2. Situación presente de la vida de Rosa.

C. PALABRAS Y EXPRESIONES:

1. Se van rápidas	They go away quickly
2. la despide	she says good-bye to her
3. ¡Vieja guapa!	You pretty old lady!
4. pretende desasirse	tries to get lose
5. risilla de anciana	old woman's laughter
6. ajos	garlic
7. se inmoviliza	stands still
8. se disimula	pretends
9. con brusquedad	roughly
10. De acuerdo	Agreed
11. coquetear	to flirt

12. ¡Cómo!	What!
13. llorosa	weeping; with tears in her eyes
14. al instante	right away
15. lengua	tongue
16. novios de película	movie sweethearts
17. espinillas	shins
18. colillas	buds
19. cuando se entere papá	when daddy finds out
20. pitillos	cigarettes
21. lo de Carmina	your love for Carmina
22. embustero	liar
23. que no tontearas	that you should not fool around
24. vamos a ver	let's see
25. dar voces	yell
26. noviazgos	love affairs
27. Os empeñáis en	Both of you insist in
28. Al principio	At the beginning
29. Me ha entretenido	He has led me on
30. Estará ya viejo	He must now be old
31. trasnochando	staying out at night
32. el olor de los de la casa	the smell of those at home
33. ¿Te cansas?	Are you getting tired?
34. ¿Te duele el corazón?	Does your heart ache?
35. ¡Dichoso corazón!	Confounded heart!
36. Nada	Well
37. es de la edad	it's from old age
38. pregunta igual	similar question

III. Páginas 122–134:

A. PREGUNTAS:

1. ¿Quién llama a Urbano cuando éste está para entrar?

2. ¿De qué hablan los dos?

3. Según Fernando, padre, ¿por qué habla su hijo con Carmina?

4. ¿Qué ha ocurrido con los proyectos de Fernando y Urbano?

5. ¿Quién interviene en el altercado de los dos hombres?

6. ¿Qué le dice Carmina, madre, a Fernando, padre?
7. ¿Cuál es la otra mujer que aparece al fin?
8. ¿Qué se dicen la una a la otra?
9. ¿Qué hacen por fin Carmina y Elvira?
10. ¿Qué logra hacer Urbano por fin?
11. ¿Quién habla y hace más: Elvira o Fernando?
12. Al quedarse solos ¿qué es lo primero que hace Carmina al ver a Fernando?
13. ¿Cuáles son los proyectos de Fernando, hijo, para atraer a Carmina?
14. ¿Quién hizo esos mismos proyectos hace muchos años?
15. ¿Quién los contempla?

B. TEMAS:

1. Discusión de los problemas de los ya ancianos Fernando y Urbano.
2. Escena final de los jóvenes Fernando y Carmina.

C. PALABRAS Y EXPRESIONES:

1. A punto de cerrar	About to close
2. que sonsacase a	that he entice
3. la cosa	the affair
4. Haría falta estar ciego	One would have to be blind
5. tan parecido a ti mismo	so similar to you
6. se enfrenta con él	faces him
7. en cuanto a ella	as for her
8. tenorio	lover
9. tú ibas a llegar	you were going to get
10. hacía falta	was needed
11. ¡Métete para adentro!	Go inside!
12. ¿entiendes?	do you understand?
13. ¿Por qué te avienes a	Why do you condescend?
14. gentuza	vulgar people
15. zalamera	flatterer
16. se agolpan	crowd

17. consentidora	conniver
18. ¡Una cualquiera!	An ordinary woman!
19. ¡Deslenguada! ¡Víbora!	Impudent! Snake!
20. y me salió mal	and I failed
21. guardar la ropa	save your clothes
22. ¡Pécora!	Evil woman!
23. que la de	than that of
24. torpes	stupid
25. estrecheces	strictness, austerity
26. ¡Pequeña!	My little one!
27. arrobados	entranced
28. nido de rencores	nest of grudges
29. estupefacto	startled
30. próximos a	about to

VOCABULARY

V O C A B U L A R Y

This vocabulary includes all words used in the text as well as those in the exercises, and is intended to be complete, except for the following omissions: exact or recognizable cognates, such as *inmediatamente,* articles, personal pronouns, adverbs in *-mente* and adjectives in *-ísimo* if the basic word is given and no special meaning is involved. Simple possessive adjectives and pronouns are also omitted unless considered in unusual circumstances. Regular past participles are likewise omitted if the infinitive is given and no special meaning is involved. Proper names of places when deemed necessary are included with proper annotations. Irregular verbs are indicated by *(ie)*, *(ue)*, and *(i)*. The gender is not indicated in the case of masculine in *-o,* and feminine nouns ending in *-a, -ad,* and *-ión.* Idiomatic phrases with a verb are usually entered under the verb; in other cases under the main word.

Abbreviations used are:

adj. adjective	*pl.* plural	*pret.* preterite
adv. adverb	*pp.* past participle	*sing.* singular
f. feminine	*pres.* present	*subj.* subjunctive
inf. infinitive	*pres. part.* present	
m. masculine	participle	
n. noun		

A

abalanzar to rush

abandonar to abandon

abierto *pp. of* **abrir** opened

abochornar to embarrass, to blush

abonar to pay

aborrecer to hate

abrazado embraced

abrazar to embrace

abrir to open; **se abre** is opened

abrumado downcast, dejected

abrumar to crush, to overwhelm

abstraído absent-minded

abuela grandmother

abur good-bye

acabar to finish, to end; — **por** + *inf.* to end by; **se acabó** it's all over, is gone

acariciar to caress

acaso perhaps, perchance; **por si** — just in case

acceder to agree

aceptar to accept

acercarse to approach, to get near

acompañar to accompany

acordar(se) (ue) to remember

acostarse (ue) to go to bed

acritud *f.* bitterness, anger; **con** — angrily

actitud *f.* attitude, look, position; — **clara** innocent position

acto act

actuar to act

acuerdo accord; **de** — agreed; **estar de** — to agree

achulado rough, tough

adelante ahead, forward; **salir** — to succeed

adelgazar to become thin or slender

ademán *m.* gesture

además furthermore, besides

adentro inside; ¡ — ! Go inside!

adiós good-bye

adorado adored; adorable

advertir (ie) to notice

afectado upset

afectarse to get excited

afirmar to affirm; to claim

agachar to lower

agarrar to grab, to seize

agencia agency

agolparse to crowd

agotado exhausted

agradar to please

agradecer to thank for

agradecimiento gratitude

aguantar to endure

ahí there; ¡ — **va!** there it goes! **por** — around there; — **mismo** right there

ahogar to drown; to choke, to suffocate

ahora now; — **mismo** right now

ahorrado saved

ahorrar to save

aire *m.* air; aspect, appearance

airoso graceful

ajo garlic

al = a + el; — + *inf.* on, upon

alcoba bedroom

alegre happy

alegría joy, happiness

algo something; anything

alguien someone

algún (alguno) some(one), any (one); — **otro** someone else; *pl.* a few, some

alisarse to smooth, to straighten out

alma soul; ¡ — **mía!** my dear!

alrededor about, around
alterado upset, excited
alterar to get excited
altercado quarrel, wrangle
alto tall
altura height
aludido alluded, referred to
alzado lump sum
alzar to raise, to lift
amable friendly
amargar to embitter
amargura bitterness
amarrado tied
ambiente *m.* atmosphere
ambos both
amenaza threat
amenazar to threaten; — **con** to threaten to
amigo friend; **viejo** — my old friend
amplio large, roomy
anacrónico old fashion
anciana old lady
ancianita pretty old lady
andar to walk, to go; ¡anda! come on!; go ahead; **anda para adentro, anda adentro** go inside; **ande** go ahead
ángulo angle
angustia anguish, worry
angustiado worried
ansiedad anxiety
ansiosamente anxiously
ante before, in the presence of, in front of
antes before
antiguo old, ancient
año year; *pl.* age; **tiene . . . años** he (she) is . . . years of age
apañar to fix up; to prepare
aparecer to appear
aparejador *m.* rigger
apartar to separate; to take away

apenas hardly, scarcely
aplacador *adj.* appeasingly, **in** a conciliatory manner
aporrear to knock
apoyar(se) to lean
apremio insistence
apresurado hastily
apresurarse to hasten
apretar (ie) to squeeze
aprobar (ue) to approve
aprovechar(se) to take advantage; to profit; **que aproveche** may you enjoy it
aproximarse to get near, to approach
apurarse to worry
aquel, aquella that; *pl.* **aquellos, aquellas** those
aquél, aquélla that one; *pl.* those (ones)
aquello that affair
aquí here
arquitecto architect
arrancar to start, to start off, to begin
arranque *m.* start; courage, guts, nerve
arrastrar to pull, to drag
arreglar to fix up; to settle; to manage
arreglo settlement; cure, remedy
arrepentido repented
arriba above, up; upstairs; ¡ — ! Go upstairs!
arrobado in ecstasy, entranced
arrogante arrogant
arrojar to throw, to hurl
arruga wrinkle
arrugado wrinkled
ascensor *m.* elevator
asco nausea, loathing; ¡qué — ! what a sordid life!
asegurar to assure

asentir (ie) to agree, to acquiesce

así so, thus; this way, in that (this) manner

asistir (a) to witness

asomarse to look out (of), to peep

asombrado astonished, frightened

asombro astonishment

aspecto appearance

aspirar to aspire

asunto business, affair

asustarse to frighten; to be frightened

atajar to stop, to intercept, to interrupt

atención attention

atender (ie) to listen, to pay attention, to heed

atolondrado careless, giddy

atraer to attract

atreverse to dare

aumentar to increase

aun, aún even, still; ¡—así! even then!

aunque although, even if

automático automatic

autoridad authority

avanzar to advance, to approach

avenir (ie) to agree, to condescend

aviar to take care; — la casa to clean (or put in order) the house

avisar to notify, to inform, to warn

ayer m. yesterday; — mismo just ysterday

ayuda help, aid

ayudar to help

azote m. blow

azul blue; —mahón blue nankeen (a cloth of firm texture)

B

bailar to dance

bajada descent; landing; going down

bajar to descend, to climb down; ¡baja! come down!

bajo low; underneath, under; lowered

balbuciente babbling

balcón m. balcony

balde: de — free

bandido bandit

barandilla railing

barbilla chin

barrer to sweep

barrio neighborhood

bastante enough, quite

bastar to be enough; ¡Basta! ¡Basta ya! That will do!, Stop!

basura rubbish

beber to drink

belleza beauty

besar to kiss; — se con to kiss

bien well; very well, all right; está — all right; **hombre de** — honorable man

bigote m. mustache

billete m. bill

blanco white; white wine; gray

blandura daintiness, pampering

blanqueado whitewashed

bobo simpleton

boca mouth

bocanada mouthful, puff

bofetada slap

bolsillo pocket

bombilla electric bulb

bonito pretty, nice

borde m. border, brink

botella bottle

brazo arm

breve brief

brindar to offer

bronca squabble, quarrel
brusquedad rudeness, rough-
ness; con — roughly
brutalidad brutality
bruto brute
bueno good, fine; –s good morning (días *understood*)
bulto object, thing
burla mockery
burlarse to make fun
buscar to look for

C

cabello hair
cabeza head
cacharra pot, pitcher
cada each
caer to fall; –se muerto to fall
dead
café *m.* coffee
caja coffin; box
cajetilla package
calmado calmed
callar to keep quiet; –se to
keep quiet; ¡callad! Silence!
calle *f.* street; de — in street
clothes
cama bed
cambiar to change
cambio change; en — on the
other hand
caminar to walk
camino road; — de walking to
camisa shirt; en mangas de —
in shirt sleeves
canalla reprobate, vampire
cansado tired
cansar to tire, to weary, to
bore; -se to become (get)
tired
capacho basket
capaz able, capable
capricho caprice, whim
caprichoso capricious, whimsi-
cal

cara face; echar en — to reproach; de — a facing; — de
circunstancias adapting to
the circumstances
carbón *m.* coal
cargado loaded; filled
cargar to load; to carry (a
load); — con to assume re-
sponsibility
cariñito affectionate gesture
cariño affection, love
caro expensive; dearly
carrocería body (*of a car*)
carta playing card
cartera briefcase
casa house; home; paga la —
to pay the rent; en — at
home
casado married
casarse to get married
casero housekeeper, landlord
casi almost
casilla booth; sacar de sus –s
to vex
casinillo little casino; place
for gossip
casita little house
caso case; hacer — to pay attention
castigo punishment
casualidad coincidence
cautelosamente cautiously
cazador *m.* hunter, chaser
cazar to catch
cenar to eat supper
censurar to censure
cerca (de) near, close to
cerilla match
cerrar (ie) to close; cierra she
closes the door
certificado affidavit, certificate
ciego blind
cierto true, sure, certain
cigarrillo cigarette
cigarro cigarette, cigar

cincuenta fifty
claro clear; innocent; of course;
  pues — well, of course;
  — que no of course not;
  — que sí of course
clavellina carnation
cobarde coward
cobrador *m.* collector; **— de la
  luz** light and gas man
coche *m.* carriage; **—fúnebre**
  funeral carriage, hearse
cochino pig; dirty rascal
coger to grasp, to hold, to take
  hold of
cogido clasped
colilla butt
colocar to place; to tell
colorado blushing
coloreado reddish
combinación combination;
  scheme
comenzar (ie) to begin, to start
comer to eat
cómico comical
comida food, meal
como since; as, if, like; as if, as
  though; **— no** unless
cómo how ¡ **— !** what!, how!
compañía company
complacido happy, pleased
completo complete, entire; real
componer to fix
compostura composure, serenity
compra *n.* purchase, shopping;
  groceries
comprar to buy
comprender to understand
común common; **de —** in common
con with; **— que** so
concebido conceived
concedido agreed; granted, be-
  stowed
condenado darned; wretched,
  viper

conducir to lead, to conduct; to
  drive
confiar to trust, to have faith
confidencial confidential(ly)
confuso confused
conmigo with me
conmover(se) to move, to stir
conmovido moved, disturbed
conocer to know; **se conoce** it
  is evident
conseguir (i) to obtain, to succeed
consejo advice
consentido spoiled
consentidor *m.* conniver
consentir (ie) to consent, to
  permit
conservar to preserve, to keep;
  —se to preserve
consolar (ue) to console
constante constant
constructor *adj.* constructing
consuelo consolation
consumido worn out, exhausted,
  withered
contar (ue) to count; **— con**
  to rely on
contemplar to contemplate;
  —se to contemplate each
  other
contener(se) (ie) to restrain
  oneself
contento content, happy
contestar to answer
continuar to continue
contra against
contrariedad anger; hostility,
  defiance
contrastar to contrast
copa drink
coquetear to flirt
corazón *m.* heart
correr to continue, to run
correspondencia agreement
cortar to cut off

cosa thing; matter, affair; **otra
— ** something else; **como —
tuya** as if it were your own
coser to sew; to do needlework
cosilla little thing, **unas –s** a
few things
cosita cute thing
costar (ue) to cost
crecer to grow
creciente growing
creer to believe, to think; **–se**
to consider oneself
cresta crest
crío baby, infant
cristal *m.* glass
cruzar to cross
cual which; **de —** which one;
el —, la —, lo —, *etc.,* who,
which, what
cualquier any
cualquiera ordinary woman
cuando when
cuanto how much; **en —** as
soon as; **en — a** as for
cuarto room
cuartos (*always plural*) money
cuatro four
cuenta account; **darse — de**
to realize
cuento story
cuestión question, matter
cuidar to take care of
culpa fault, guilt; **tener la —**
to be to blame
cultivar to cultivate, to grow;
to take care
cultura culture; education
cumpleaños birthday
cumplir to keep, to carry out,
to fulfill

Ch

charlar to chat
chico small; young man; **–s**
fellows

chillar to scream
chiquilla young girl
chismorreo gossip
chistar to mumble; to say something
chivato rascal
chulo rascal, knave; dandy, fop,
dude
chupar to suck

D

dar to give; **–se cuenta de** to
realize
de of, about; concerning; by
deber to owe; ought to, must,
should
débil weak
decepción disappointment
decididamente decidedly
decidir(se) to decide
decir to tell, to say; **nos lo decíamos** we would tell it to
each other
decorado decoration
dedicar to dedicate; to give, to
cast
dedo finger
defender (ie) to defend; **–se** to
get along
dejar to leave, to abandon; to
stop; to permit; **déjelo** don't
bother; **–se de** to stop, to
cease
delantal *m.* apron
delante (de) in front (of)
delgado thin; **lo —** how thin
delineante *m.* draftsman
demás: los — the others, the
rest
demasiado too, excessively
demontre! ¡ — ! the deuce!
demostrar (ue) to show
denotar to indicate, to reveal
dentadura set of teeth, teeth

dentro within, inside; — **de** within; **por** — inside

depender to depend; **depende** it depends

dependiente *m.* clerk

derecho right (hand); right (legal)

derramar to spill

desagradar to displease

desagrado displeasure

desalado hurriedly

desaliento discouragement

desaparecer to disappear

desaprobar (ue) to disapprove

desasirse to loosen, to let go, to break loose

descansillo landing (*of a stairway*)

descaradamente brazenly, insolently

descaro impudence, boldness

descompuesto out of order, confused, upset; disfigured

descontar (ue) to deduct

descuido carelessness, disguising; **como al** — slyly

desde from, since; — **mañana** from tomorrow on

desembocar to land, to emerge

desenvuelto free, smooth, unencumbered

desesperado desperate, angry

desgana reluctance; **con** — reluctantly

desgraciado unfortunate (man), wretched

desilusión disillusion

desinfectar to disinfect

deslenguado impudent

deslomar to break one's back

desobedecer to disobey

despacio slowly

despectivamente scornfully, contemptuously

despedir(se) (i) to send away, to say good-bye

despojarse to remove (one's clothes)

despreciable contemptible, despicable

despreciar to despise, to scorn

despreciativo contemptuous, cynical

desprecio scorn

desprenderse to get loose

después after; afterwards; — **de** after; **para** — for a later time

desvivirse (por) to long (for), to love excessively

detalle *m.* detail

detenerse (ie) to stop

detestar to detest

devolver (ue) to return

día *m.* day; **buenos —s** good morning, **todos los —s** every day; **un —, un — de estos** one of these days

diablo devil

dicho *pp. of* **decir** said; **lo** — what I just said, I mean what I said; **mejor** — rather, more exactly

dichoso happy, blessed; confounded

diente *m.* tooth; **entre —s** in a low voice

diez ten

dificultad difficulty

dificultoso difficult

diga *pres. subj. of* **decir**; **no me digas** don't tell me

dinero money

Dios *m.* God; **¡Dios mío!** My God! **por** — for God's sake

diputado deputy

dirección direction

dirigirse (a) to go to

discutir to discuss, to argue

disfrazar to disguise
disfrutar to enjoy
disgustado displeased, mad
disgusto disgust, displeasure
disimular to feign, to hide, to pretend; —se to play possum
disparate m. outrage, nonsense
dispensar to excuse
disponer(se) to get ready, to arrange; to wish; to order, to say
dispuesto ready, willing
disputa dispute
distinguir to distinguish
diversión amusement
divertido amused
divertirse (ie) to amuse one's self
divisar to perceive
doce twelve
doler (ue) to pain, to hurt
dolido hurt
don, doña title of respect, not translated
donde where
dormidito nicely asleep
dos two; los — both
dotado provided, equipped
dote m. dowry
duda doubt
duelo mourning; funeral
durante during
durar to last
durillo: duro five Spanish pesetas (Spanish monetary system); unos durillos a few "bucks"

E

¡Ea! come! there!
económico economical
echar to throw, to cast; to dismiss; —se a to start; —se a la calle to become a streetwalker
edad age; mayor de — adult

educación education; manners; sin — with bad manners
efecto effect; en — in fact
ejemplo example
elevar to raise
emancipar to free
embargo: sin — nevertheless, however
embocar to make one's way, tc advance to
emborracharse to get drunk
embustero liar
emocionado excited
empalidecer to become pale
empalidecido pale looking
emparejado even; bajan —s they walk down together (side by side)
emparejar: — con to come up beside
empellón m. push, shove
empeñarse (en) to insist (on)
empezar (ie) to start
emplazar to summon
empleado clerk; officeholder
empleo employment, position
emprendedor adj. enterprising
emprender to undertake, to start
empresa firm, company
empujar to push
empujón m. push; de un — with a push
enajenado enraptured, overjoyed
enamorarse to fall in love
encaminarse a (hacia) to go toward, to walk to
encanecer to grow gray-haired
encargarse to take care
encarrilar to set right
encender (ie) to light, to turn on the lights
encima above, over, on top of upon; por — over

encoger to shrink; —se de hombros to shrug one's shoulders

encontradizo n. one who runs into another person

encontrar (ue) to find, to meet; —se to meet, to be, to find one's self

enderezarse to straighten up

endurecer to harden, to become sullen

enemigo enemy

energía energy

enfadado angry, mad

enfadarse to become mad

enfado anger; mad

enfrentarse to face; — con to face

engañar to deceive; to fool

enjugar to wipe

enlazado clasped, joined; holding hands

enlazar to clasp, to embrace

enloquecido mad, enraged

enredador m. busybody, meddler

enredar to entangle; — se a golpes to start a fist fight

enrejado enclosed in wire; protected

ensayar to try

enseñar to teach; to show

entender (ie) to understand; —se con to have something to do with

¿entendido? is that understood?

enterarse to learn, to find out, to discover

entierro funeral

entonces then; **para** — by then; **por** — by that time

entornado ajar

entrante n. m. opening, space

entrar to enter; —se to go in

entre adv. between; among

entrecortadamente hesitatingly; confused

entregar to deliver; to hand over

entretener (ie) to entertain; to keep in hope, to lead on

entristecer to become sad

entristecido sad, grieved

entrometido busybody, intruder

entusiasmado enthusiastic

envalentonado encouraged, inspired

época epoch

equivocarse to make a mistake, to be mistaken

escalera stairway

escalerita (ironical) cursed stairway

escalón m. step (of a stairway)

escandalizar to scandalize

escándalo scandal

escandaloso gossip

escaso scarce

escena stage; scene

escoger to choose, to select

escondidas: a — on the sly

escribir to write

escuálido squalid, languid

escuchar to listen

escupir to spit; a — a la calle go and cool off in the street

ése, ésa, ésos, ésas that one, those; **ésas** those women

esforzar (ue) to try hard

esfuerzo n. effort; push, pull, jerk

eso that; ¡ — ! that's it!; **por** — for that reason

espalda shoulder; **volver la** — to turn one's back; **estar de** —s to be with one's back turned; **a sus** —s behind him

espanto terror, fright

espectador m. spectator

esperar to wait

espiar to spy; to look intently
espinilla shin (bone)
espolón *m.* spur
esquina corner
esquivar to avoid
establecer to establish
estar to be; **está bien** all right, fine; **está** is in; **–se** to remain
este, esta this; **estos, estas** these
éste, ésta this, this one; the latter
estimar to esteem
esto this
estorbo nuisance, hindrance
estrechez (*pl.* **–ces**) *f.* tightness, strictness, coercion; austerity
estrenado staged
estrepitosamente noisily
estudiar to study
estupefacto stupefied
estupidez *f.* stupidity
estúpido stupid
evitar to avoid
exagerar to exaggerate
exaltado excited, nervous
excitado excited
éxito success; **tener —** to be successful
explicar to explain
expresión expression
extasiado in ecstasy, enraptured
exterior exterior apartment
extrañar to suprise, to be surprised

F

fábrica factory
fácil easy, simple; **lo más —** most likely
falso false
falta need; lack; **hacer —** to need, to be necessary

faltar to be missing, to lack; to need, to offend; to be absent; **¡no faltaba más!** the very idea!
familia family; **aire de —** family resemblance
familiarmente familiarly
fantasía fantasy, imagination
fatigado tired, fatigued
fatigosamente with difficulty
favor *m.* favor; **por —** please; **haz el —** please
favorito favorite one
faz *f.* face
felicidad happiness
feliz (*pl.* **–ces**) happy
feo ugly
fiarse to trust
fijarse to notice
fin *m.* end; **en —** well, in short
final end; **al —** at the end
fingir to feign, to pretend
firme firm, hard; **de —** steadily
fisionomía looks
flúido fluid; juice; electricity
fondo bottom; **en el —** at bottom
forcejear to struggle
forcejeo *n.* struggle
formar to form
forrar to line
fracasar to fail
fraccionario fraction; **moneda –a** small change
frecuencia frequency; **con —** frequently
frente in front; **— a** in front of
fuera outside; **por —** on the outside
fuerte *adj.* strong; aloud
fuerza strength
fulanita so-and-so
fumar to smoke
fúnebre *m.* funeral
furioso furious

furtivo furtive, on the sly, disguised

G

galvanización presentation; quick glance

gallina chicken; hen

gallo rooster

gana desire; darle (la) — to feel like, to desire; de buena — willingly

ganado pp. of ganar won over

ganar to earn; to win over

gandul n. m. loafer

gandulazo big loafer, tramp

gastado worn out

gastar to spend

gatita little kitty; little "chicken"

gente f. people

gentuza rabble

gesto gesture

golfo urchin; ragamuffin, tramp; hacer el — to tramp around

golpe m. blow; de — suddenly; enredar a —s to start giving blows

golpear to strike, to beat

gordo fat; sal —a rock salt

gorra cap

gracias thanks; muchas — thank you very much

grande (gran) large, great, big

granuja urchin, waif

grasiento greasy

gritar to yell

gruñoso grumbler

grupo group

guapo handsome; beautiful, pretty

guardar to keep, to save; to have, to preserve

guiñapo ragamuffin

guisado stew

gustar to like; no le gusta does not like

gusto taste, pleasure, liking; va en —s depends on tastes

H

habitación room

hablar to speak, to talk

hacer to do, to make; to prepare; — caso to pay attention; — se to become; — un pitillo to roll a cigarette; hace diez años it is ten years ago; hace mucho tiempo a long time ago

hacia toward(s); — dentro inside

haga (command form of hacer) do!

hala come on!

halagar to praise

hambre f. hunger; tener, traer — to be hungry

harto: estar — to be fed up

hasta until, up to, even; — luego so long

hay (impersonal form of haber) there is, there are

haz (imperative of hacer) do!

hecho pp. of hacer done

hermana sister

hermano brother

hierro iron

hija daughter; ¡ — ! my dear! honey! my child!

hijo son; ¡ — ! my child; —s children

hipócrita m. & f. hypocrite

historia history, story

hogar m. home

¡hoj! uh!

hola hello

holgado prosperous

hombre *m.* man; pal, fellow; man alive! — **de bien** honorable man

hombro shoulder; **encogerse de —s** to shrug one's shoulders

hora hour; time

hortera *m.* drygoods clerk

hosco gloomy

hoy today

hueco opening; hole; well (*of staircase*)

huelga strike (labor)

huella sign, trace

hueso bone

huir to run away

humilde humble

humillación humiliation

humillado crushed, crestfallen

humillar to humiliate

humo smoke

I

idiota *m.* idiot

ido *pp. of* ir gone

igual equal; same; alike, similar; **de — manera** in the same way

igualado equalled; alike

ilusionado fascinated; happy

imitar to imitate

impedir (i) to prevent

ímpetu impetus; **cierra con —** she slams the door

importancia importance; **tener — ** to be important

importar to matter, to concern; to make any difference; to care; **no importa** it doesn't matter

importunidad importunity

improcedente unrighteous

improviso: **de —** unexpectedly, suddenly

impulsivamente impulsively

inclinar to bend over; to push

incomprensión incomprehension

inconteniblemente uncontrollably

indeseable undesirable

indicar to suggest, to hint; to tell

inferior lower

infinito immense

ingeniero engineer

iniciar to start

inmovilizarse to stop moving, to stay still

inofensivo harmless

inquieto restless

inquisitivo inquisitive

insolencia insolence

instante instant; **al —** immediately

insultar to insult

intención intention; **con —** intentionally

intentar to try

interesar to interest

interior inside apartment

interpelar to interpellate; to beseech, to implore

interponerse to interpose, to get in between two persons

intervenir (ie) to intervene

inútil useless; *m.* useless person, bum, idler

inventar to invent

intervenir (ie) to intervene, to interfere

invitar to invite

involuntariamente unwillingly

ir to go; **—se** to go away; **se va** he goes away; **¡vamos!** come, come!; let's go; **vamos a ver** let's see; **¡vete!** go away! **¡vaya!** confounded! **¿cómo va?** how is he getting along?

ira anger

iracundo angry, mad
izquierdo left (hand)

J

jadeante panting, out of breath
je bah!
Jesús gracious (exclamation)
joven *adj.* young; *n.* young man; young lady
jubilación retirement
jugar (ue) to play
juntarse to join; — **con** to live together; **juntándosele** getting close to him
junto near; — **a** by, next to; —**s** together
jurar to swear; **te (lo) juro** I swear

L

la the; it; — **Luisa** *colloquial use of* la *before names of persons*
labio lip
lacio: bigote — drooping mustache
lacrimoso tearful
lado side
ladrón *m.* thief
ladronera den of robbers
lagartona sly woman; tricky, foxy
lágrima tear; **se le saltan las** —**s** tears come to his eyes
lanzar to throw, to hurl; to cast, to drag, to force; to blow
largamente for a long while
largarse to get out, to leave
largo long; **a lo** — in the course; **pasar de** — to pass by (along)
lástima pity, compassion; **¡qué** —**!** what a pity
lateral side; wall

lavar to wash
lectura reading
leche *f.* milk; **¿y la** —**?** what about the milk?
lechera milk pitcher
lechería dairy shop
leer to read
lejos far; **más** — farther
lengua tongue
lentamente slowly
lentitud *f.* slowness
levantar to lift, to raise; to stand
levemente slightly
ley *f.* law
liar to embroil; — **a mamporros** to start giving blows
libertar to free
libro book
ligero light, slight; gay; quickly
limitar to border, to enclose
limpiar to clean
limpio clean; **sacar en** — to make out
lindo pretty
lío mess, intrigue
lívido livid, black and blue
lo it; him; you; the; — **que** what, that, that which; — **de** that affair of; — **es** he is, indeed; — **delgado** how thin
lobo wolf
loco crazy, mad
locuela silly girl (*mildly reprimanding diminitive* —**uelo**)
lograr to succeed
los the; them; — **de** those of; — **que** those of; the ones that
Luca de Tena, Cayetano: *Distinguished contemporary dramatist and theatrical impresario*
luchar to struggle, to fight
luego then, later; **hasta** — so long

lugar *m. n.* place
lujoso luxurious
luto mourning; de — in mourning
luz *f.* light

Ll

llamar to call; to ring; — la atención to call one's attention
llanto weeping, crying
llave *f.* key
llavín *m.* latchkey
llegar to arrive, to reach; to get
llenar to fill; to satisfy
llevar to carry, to take away; to wear; —se to take (away)
llorar to cry, to weep; echarse a — to start crying
lloroso with tears in one's eyes

M

madera wood, timber
madre *f.* mother
maduro mature
magnífico magnificent
mahón nankeen (*a kind of cloth*)
mal bad, evil, harm; menos — good thing that
malear to spoil; me la va a — you are going to spoil her for me
malo bad; wrong
malsano unhealthy
maltratar to mistreat
manga sleeve; en —s de camisa in shirt sleeves
mamporro hand blow
mancha spot
mandar to order
manera manner, way
mano *f.* hand; dar la — to shake one's hand

manotazo slap, blow with the hand
mansedumbre *f.* gentleness; con — meekly
mantener (ie) to support; to preserve; —se to preserve
mañana tomorrow; morning; desde — from tomorrow on
maravilloso marvellous
marco doorcase
marcha march; advance
marchar to go (away); —se to go away
marchitarse to wither, to fade
marido husband
marqués *m.* marquis
marrano dirty pig
mas but
más more, any more; nada — nothing else; no — que only
matar to kill
matrimonio married couple
mayor greater greatest older, oldest, — de edad of age, an adult; —es grown-ups
mecánica mechanics
medias: a — partly, half-way
médico doctor
medio middle, half; en — de in the midst of
medir (i) to measure; —se con hombres to take after men
mejor better, best; — dicho more exactly; lo — the best thing
mejorar to better, to improve
melancolía melancholy, sadness
menganita so-and-so
menos less, least; except; — mal it's a good thing that; al —, por lo — at least
mentar (ie) to mention
menudo small
merecer to deserve, to be worth

mes *m.* month; **hace un —** a month ago

metalúrgico *n.* steel worker

meter to enter; to join; **—se** to enter; to meddle; **— miedo** to frighten

mezclarse to interfere, to meddle

mezquino niggardly, mean, miserly

miedo fear; **tener —** to be afraid; **meter —** to frighten

mientras while, meanwhile

millón *m.* million

mimado spoiled

mimar to spoil

mímica pantomime, sign language

mimo caress; **entre —s** with flattery

minuto minute

mío my, mine, of mine; **el (la, lo,** etc.**) —** mine, of mine

mirada glance

miradita cute glance

mirar to look (at); **¡mire!** watch! **si no mirara** if he were not looking

miserable wretched, miserable

miseria trifle, wee bit

mismo same; very; **desde mañana —** from tomorrow itself; **ayer —** just yesterday; **ahora —** right now; **lo —** the same thing; **ahí —** right there

misterio mystery

mitad half; middle; **a la —** in the middle

mocita young girl

mocoso brat, urchin

modelo model

moderno modern

modestia modesty; **con —** modestly

modo way, manner; **de todos —s** in any case; **de — que** so

molestar to bother

molesto annoyed

momentáneo momentary

momento moment

monada pretty child; precious thing

moneda coin, money

monologuear to talk to one's self

monserga gibberish

montar to establish

montón *m.* heap, pile

morder (ue) to bite

moreno dark

morir(se) (ue) to die

mosquita small fly; **— muerta** prim one (*one who feigns meekness*)

mostrar (ue) to show; to appear to be

motivo motive, reason

mover(se) (ue) to move

movimiento movement, move

mozo young man; **buen —** good-looking, handsome fellow

muchacha girl

muchacho boy; young boy

mudarse to move

muela molar, tooth; **—s** teeth; **romper las —s** to knock one's teeth out

mucho much; **—s** many

muerto dead; death

mujer *f.* woman; wife

mujercita cute woman, sweet wife

murmurador *m.* gossip

murmurar to gossip

musaraña insect; **pensar en las —s** to be absent minded

mutuo mutual

muy verv

N

nada nothing; anything; nothing at all; ¡ — ! Well!, say no more!; — **más** only; not at all; **de** — don't mention it

nadar to swim

nadie nobody

nariz *f.* nose

naturalmente naturally

necesitar to need; — **de** to need

negar (ie) to deny

negocio business

nena child; darling, dear

nene *m.* baby

nervio nerve

ni nor, even; neither; not even

nido nest

nieta granddaughter

nieto grandson; **–s** grandchildren

ningún none, (not) any; no; no, none

niña child; my child; young lady; daughter

niño baby; child; boy; young man; **de** — childish

no no, not; **porque** — because I don't want to

noche *f.* night

nombrar to name, to mention

nombre *m.* name

notablemente notably

notar to note; to be evident

novia, novio sweetheart, betrothed; **–os de película** movie sweethearts; **a los –os** like sweethearts

noviazgo sweetheart affair

nudillo knuckle

nuestro our; **lo** — our affair

nuevo new; **de** — anew, again

número number

nunca never

O

obesidad obesity, fatness

obligar to force, to compel

obrero laborer, workman

observar to observe

ocultar to hide

oculto hidden; hiding

ocupar to occupy

ocurrir to happen, to occur

oficina office

oficinista *m.* office clerk

oído ear

oír to hear, to listen; ¡**oiga!** listen!

ojeada glance

ojo eye

olor *m.* smell

olvidarse to forget

optar to decide, to choose

ordinariez *f.* coarseness, vulgarity

ordinario ordinary; common person; trash

orgullo pride

os (*pl. familiar*) you, to you

oscuras: a — in the dark

ostensible obvious, ostensible

otro other, another

P

padre *m.* father; **–s** parents

pagar to pay; — **la casa** to pay the rent

país *m.* country

pajarito little bird; illusion

pájaro bird; **buen** — shrewd bird!

palabra word; **no perder** — not to miss a syllable

palmo *measure of length, about 8 inches*

palmotear to pat

pantalón *m.* trousers; — **de luto** mourning pants

papaíto dear daddy (*affectionate diminitive of* **papá**)

papanatas *n. sing.* simpleton, blockhead

papelería stationery shop

papelillo small piece of paper

par *m.* pair, couple; **de — en —** wide open

para for, to; **— qué** why; **— mí** as far as I am concerned

paralizado paralyzed

parar(se) to stop

parecer to seem, to appear; **—se a** to look like

parecido alike, similar

pared *f.* wall

pareja couple

parte *f.* part; share

particular private; particular

partir to break, to crash

pasamanos *sing.* railing; **— de hierro** iron railing

pasar to pass, to go in; to happen; **¿te ha pasado algo?** has anything happened to you? **pasársele** to forget; **¿qué le pasa?** what's wrong with you?

pasear to walk, to take a walk

paseo walk, stroll

pasta paste; breeding; disposition

pastel *m.* pie, cake

patadita light kick; **dar —s** to stamp softly

patata potato

patear to kick

pausa pause

paz *f.* peace

pécora evil and vicious woman

pecho chest; breast; **niño de —** breast baby; **dar el —** to nurse

pedir (i) to ask for

pega rebuff, reproach

pegar to hit, to beat, to spank

peineta shell comb

peldaño step (*of stairs*)

película movie

pelo hair

pena grief; effort; **dar —** to grieve

pender to hang

pensado thought; **mal —** evil-minded

pensar (ie) to think; **— en** to think of (or about)

pensativo thoughtful, meditating

peor worse; **lo —** the worst of it

pequeño small, little; **¡ — !** my little one!

perder (ie) to lose, to miss; to waste; to ruin, to dishonor

perdido lost, dissolute, profligate

perdonar to forgive, to pardon; **perdone** forgive me

perfeccionarse to become perfect

perjudicar to hurt

permanecer to remain

permiso permit

permitir to permit

perplejo perplexed

persona person

pésame *m.* condolence; **dar el —** to express one's condolence

pesar to weigh; to grieve; **a — de** in spite of

pescar to catch

peseta *the Spanish official monetary unit*

peste *f.* pest; **— de vecinos** corrupted neighbors (or tenants)

petaca cigarette case; tobacco pouch

picardía malice, irony

pícaro rogue

pichón *m.* pigeon; "darling," "babe"

pie *m.* foot

pieza piece; **mala —** you old rascal

pindonguear to gad about

pintado visible

pintar to paint

piropo compliment

pisito apartment

piso floor; apartment

pitillo cigarette

placa plate; **— de metal** metal plate

placer *n. m.* pleasure

pobre poor; *n. m.* poor man

pobreza poverty

poco little; **a —** shortly afterwards

poder (ue) to be able; **¿se puede . . . ?** can one . . . ? **puede que** it may be, perhaps; **pudiera ser** there could be

poesía poetry

polvoriento dusty

polvorón *m. candy-like biscuit made of flour and lard*

poner to put; to set; **—se** to become; **—se a** to start; **—se adelante** to get in front

poquillo a little bit

por by, through, for, on account of, in order to; in; **¿ — ?** after?; **— eso** for that reason

portal *m.* entrance, doorway

portar to carry

portazo big slam (of a door)

precioso pretty; precious

precisamente precisely, exactly; just, to be sure

preciso: es — it is necessary

preferir (ie) to prefer

preguntar to ask, to inquire

prejuicio prejudice

prenda piece of jewelry; valuable thing or person

prender to hold, to grasp

preocupado worried

preocupar to worry

presencia presence

presenciar to witness, to see

presidir to preside

prestancia excellence; good appearance

presumir to be conceited

presuntuoso presumptuous, conceited

presupuesto budget

presuroso hurriedly

pretender to try

pretexto pretext

primer(o) first; **—a** first class

princesa princess

principio beginning; **al —** at the beginning

prisa haste; **tener —** to be in a hurry; **a toda —** at full speed

privación privation

probar (ue) to try

problema *m.* problem

procurar to try

prohibición prohibition

prohibir to prohibit

proletario proletarian; workingman

prometer to promise

pronto soon; **de —** suddenly

propio own; proper

propósito: a — by the way

protestar to protest

provocar to provoke; to cause to provoke

próximo near; **—s a** about to

provocativo tempting; provocative

proyecto project

¡puah! pugh!

publicar to publish

público public

puchero pot; **poner el** — to start the stew
pueril childish
puerta door
pues well; then
puesto *pp. of* **poner** put
punto point; **a** — ready; **a** — **de** about to, on the point of
puñadito a small handful

R

rabia fury, rage
rabioso enraged, furious
rápido rapid, quickly
rascarse to scratch one's self
ratito a little while
razón *f.* reason; **tener** — to be right; **llevar** — to be right
realidad reality
realizar to execute
realmente really
rebelarse to rebel
recibo receipt
recoger to pick; to take
reconocer to recognize
recordar (ue) to remind, to remember
recostarse (ue) to lean, to recline
recuerdo remembrance; memory; —s regards
recurso recourse, resource
redondear to round; to supplement
refugiarse to take refuge
refunfuñar to mutter
regalo gift
regañadientes: a — reluctantly, grumbling(ly)
regocijo joy; **con** — rejoicing
reír(se) (i) to laugh; ¿se **puede** — ? can one laugh?
relación relation; connection
rellano landing (*of stairway*)
rencor *m.* grudge

rendido exhausted
reñir (i) to scold, to reprimand
reojo: de — out of the corner of his eye
reparto cast
repentino sudden
repetido repeated; —as **veces** repeatedly
repetir (i) to repeat
reportado at ease, restrained
reportarse to restrain one's self
reprensivo reproachingly
reprimir to repress; to control
repugnar to abhor, to detest, to hate
resistencia resistance
resistir to bear, to stand
resollar (ue) to pant
respetar to respect
respeto respect
respiración breathing
respirar to breathe
retener (ie) to retain, to hold back
retirar to withdraw; to retire; —se to retire
retiro pension; retirement
retrato picture; **mi vivo** — my very image
retroceder to move backward
revancha retaliation
revés *m. sing.* reverse; **al** — the opposite, the reverse
rezongar to grumble
rico rich; cute, lovely
riñón *m.* kidney
risilla grin
risita grin
risueño smiling
rodeado surrounded
rodear to surround, to encircle
rogar (ue) to beg
rojo red
romanticismo romanticism; utopianism; dreaming

romántico romantic

romboidal rhomboidal

romper to break; to knock out; to turn; — **a reír** to break out laughing

rondar to be about; to be close to; to court

roñoso stingy

ropa clothes

ropita nice clothes; — **de paseo** Sunday clothes

rostro face

rozar to touch; **–se** to associate, to mix

rudo coarse, rough

ruido noise

S

saber to know, to know how; **sabrá** he must know

sacaperras *m. sing.* money-maker; gold-mine

sacar to get out, to take out, to get; — **en limpio** to make out

sal *f.* salt; spice; — **de mesa** table salt; — **gorda** rock salt (unground salt)

salir to come out, to go out; — **adelante** to keep going; — **mal** to fail; **–se con** to have one's way

saludar to greet; **–se** to greet each other

salvar to save

sangre *f.* blood

sano sound, health; **cortar por lo** — to end it all forever

saña anger, rage; **con** — angrily

sartenazo blow with a frying pan

satisfecho satisfied

sé *pres. of* **saber** I know; **¡qué** — **yo!** and many other things!

sea *subj. of* **ser** that he be

seco dry

seguida: en — at once

seguir (i) to continue, to follow

segundo second

seguro certain

semejante similar

sencillo simple

sentarse (ie) to sit down

sentimiento grief, bereavement

sentir (ie) to feel; to be sorry or to regret; to hear; **–se** to feel; **lo siento** I am sorry

seña sign; signal; **hacer –s** to signal

señalar to point out or at

señor *m.* gentleman; sir, Mr.; Lord

señora lady, madame; Mrs.

señorito young gentleman (*ironical use: a good-for-nothing rich young man*)

separar(se) to separate; to move away

ser to be; — **de** to become of; **es que** the fact is that, is it that?

ser *m. n.* human being

serio serious

servil servile, submissive, meek

servir (i) to serve; to be good for

sesenta sixty

seso mind

setenta seventy

si if, whether; why, but; **si ... o** whether . . . or

sí yes; indeed, certainly; **yo** — I do

siempre always; **lo de** — the same old thing; **para** — forever

siga (*command form of* **seguir**) continue!

sigilo reserve, mystery; caution
siguiente following
silencio silence
silencioso silently
simpático charming, pleasant, agreeable
simple *m. n.* simpleton, silly
simpleza foolishness, nonsense
sin without; — **que** without
sinceramente sincerely
sindicalista *m.* syndicalist (*labor leader; member of a labor union*)
sindicar to join a labor union; to organize
sindicato labor union
sino but
sinvergüenza *m. n.* scoundrel, reprobate
siquiera even, at least; **ni** — not even
sitio place
socarronamente slyly
socialmente socially
solapa lapel
solicitado sought
solicitar to solicit; to apply for
solicitud *f.* overture, request, insistence
solidaridad solidarity
solo alone; **–s** alone; lonely
sólo only
soltar (ue) to set free, to let loose
soltero single (man)
sollozar to sob
sombrero hat
sonreír (i) to smile
sonriente smiling
sonrisa smile
sonsacar to coax, to entice; to deceive
soñador *m.* dreamer
soñar (ue) to dream

soplar to blow; to rob or steal in an artful manner
soportar to endure, to suffer
sorbido paralyzed, numb
sordidez *f.* sordidness, boredom, weariness
sordo deaf; ¡ — ! I am deaf!
sorprender to surprise
sorpresa surprise
suavemente gently
subida rise (*in price, etc.*)
subir to climb up, to go up
suceder to happen
sucio dirty
sudar to sweat
suegro father-in-law
sueldo salary, wage
suelo ground; floor
sueño sleep
suficiencia sufficiency; **con** — satisfied
sufrir to suffer; to withstand, to endure
sujetar to retain; to hold fast
sumiso submissive
suplicar to beg
supo *pret. of* **saber** knew
suponer to suppose
suspicacia distrust
suspirar to sigh
suspiro sigh
susto terror, fright
susurrar to whisper
suyo his, hers, of his, yours; of yours, their; **los suyos** his family *or* his relatives

T

tabaco tobacco
táctica tactic; **mucha** — a lot of tricks
tal such a; how; such; — **que** how is she

talle *m.* waist
tampoco neither
tan so
tantear to feel, to touch
tanto so much; **en — que** while
taparse to cover
tararear to hum (a tune)
tarareo humming
tardar to take (long); **no tardes** do not be too late
tarde late; *m.* afternoon; **se hace —** it's getting late
tarambana *m.* lunatic
tarifa price, rate
tembloroso trembling
tenazmente firmly, stubbornly
tender (ie) to hand
tener (ie) to have; to hold; **— que** + *inf.* to have to; **aquí tiene** here you have; **— que ver** to have to do (with)
tenorio lover; Don Juan
terciopelo velvet
terco stubborn
terminar to end; **se terminó** she is through; **— por** to end up by
término term; end; **en primer —** in the foreground
ternura affection
testarudez *f.* stubbornness
teta breast
tiempo time; **hace — que** it has been some time since; **al —** at the time; **a —** on time
tierno affectionate
tierra land; dirt; **dar —** to bury
timbre *m.* door bell
tímidamente timidly
tinte *m.* complexion
tinto red [wine]

tirar to throw; to knock down, to pull; **¡tira eso!** throw that down!
título title
tocar to touch; to be one's turn
todo all; everything; **—s** everyone, everybody
tomar to take
tono tone
tontear to fool around
tontería nonsense
tonto stupid; fool; **la —a de mi hermana** my stupid sister
torcer (ue) to turn
tornar to return
torpe dull, stupid
torpeza dullness, stupidity
trabajador *m.* worker; hard worker
trabajar to work
trabajo work, job
traer to bring
tragar(se) to swallow
traje *m.* suit; **— azul mahón** blue nankeen suit
tramo flight of stairs
trampa trap, trick
tranquilo quiet, tranquil
transcurrir to elapse
tranvía *m.* streetcar
trapo rag; good-for-nothing
tras after; behind
trasnochar to stay out all night
traspasado speechless
trastear to trick, to deceive
tratar to treat; **—se** to speak to each other; **—se de** to try to, to be a question of; **— a** to deal with
través: a — de through
treinta thirty
tremendo tremendous
triquiñuela trickery
triste sad, dismal

tristeza sadness
triunfal triumphal
tumbado lying down
tumbarse to lie down
turbado upset, nervous
tutearse *to use the familiar* "tú"
tuyo your, yours; **la tuya** yours; **lo —** your work

U

uf uf, uh
último last
único only
uno (un) one; *pl.* some
urraca magpie
usar to use

V

vacilación hesitation
vacilante hesitating
vacilar to hesitate
vacío empty
vago vague; loafer
valer to be worth; **más vale** it is better
valiente brave
vamos *pres. of* ir **¡ — !** Well!, Come!; let's go
vaya *see* ir
vecindad neighborhood
vecino neighbor, tenant
vejez *f.* old age
veinte twenty
velozmente swiftly
vencer to overcome, to win
vencido subdued; beaten man
venir (ie) to come
ventana window
ver to see; **a —** let's see; **tener que —** to have to do (with)
veras: **de —** really

verdad truth; **¿ — ?** isn't it true?; **de —** really, truly; seriously; **es —** it is true
verdaderamente truly
vergonzoso shameful
vergüenza shame; **dar, tener —** to be ashamed
versito cute verse
vestido dress; **–s** clothes; *pp. of* vestir dressed
vestir (i) to dress
vestuario wardrobe
vez *f.* (*pl.* veces) time; **en — de** instead of; **otra —** again; **alguna —** occasionally; **algunas veces** sometimes; **cada —** each time
víbora viper
víctima victim
victoriosamente victoriously
vida life; **a la —** licentious life; **ley de —** law of nature
vieja old lady
viejecita little old lady
viejo old; old man
vigilar to watch
vino wine
violencia violence; **con —** violently
violento violent
vista vision; eyes
visto *pp. of* ver seen
vivacidad vivacity; **con —** lively
vivir to live
vivo alive
vocear to yell, to cry out
volver (ue) to return; **— a +** *inf.* to . . . again; **–se** to turn, to turn around
vosotros you (*familiar form*)
voz *f.* (*pl.* voces) voice; **en — baja** in a low voice; **dar voces** to yell
vuelta turn; return; **de —** back

vuestro your, yours

Y

ya already, now; later, presently; ¡ — ! Yes, I know; ¡ — va! It's coming
yendo *pres. participle of* ir going

yerno son-in-law
yo I; — no not I

Z

zafarse to escape; to dodge
zalamera flatterer
zángano idler, sponger
zarandear to shake, to jostle